BRIAN TRACY

AUTOR DE *BESTSELLER* DEL NEW YORK TIMES

EL PODER DE CONFIAR EN TI MISMO

Vuélvete imparable y libérate del miedo en todas las áreas de tu vida

TALLER DEL ÉXITO

El poder de confiar en ti mismo

Copyright © 2020 Taller del Éxito - Brian Tracy
Título original: The Power of Self-Confidence. Become unstoppable, irresistible, and unafraid in every area of your life.

Copyright © 2012 by Brian Tracy. All Rights Reserved. This translation published under license with the original publisher John Wiley & Sons, Inc.

Reservados todos los derechos. Ninguna parte de esta publicación puede ser reproducida, distribuida o transmitida, por ninguna forma o medio, incluyendo: fotocopiado, grabación o cualquier otro método electrónico o mecánico, sin la autorización previa por escrito del autor o editor, excepto en el caso de breves reseñas utilizadas en críticas literarias y ciertos usos no comerciales dispuestos por la Ley de Derechos de Autor.

Publicado por:
Taller del Éxito, Inc.
1669 N.W. 144 Terrace, Suite 210
Sunrise, Florida 33323
Estados Unidos
www.tallerdelexito.com

Editorial dedicada a la difusión de libros y audiolibros de desarrollo y crecimiento personal, liderazgo y motivación.

Diseño de carátula y diagramación: Joanna Blandon
Traducción: Rodrigo Mariño
Director de arte: Diego Cruz

ISBN: 978-1607387770

25 26 27 28 29 R | GIN 18 17 16 15 14

Contenido

Introducción
Entrando en la zona libre de miedo
— 9 —

Capítulo 1
La base de la confianza en sí mismo
— 21 —

Capítulo 2
Propósito y poder personal
— 39 —

Capítulo 3
Lograr competencia y dominio personal
— 65 —

Capítulo 4
El juego interno de la confianza en sí mismo
— 95 —

Capítulo 5
Invierte en tus fortalezas
— 123 —

Capítulo 6

Triunfando sobre la adversidad

— 151 —

Capítulo 7

Confianza en acción

— 175 —

Este libro está dedicado con cariño a mi hijo David Tracy, una de las personas más positivas, extrovertidas, optimistas y con confianza en sí mismo que he conocido.

Introducción

ENTRANDO EN LA ZONA LIBRE DE MIEDO

"Solo aquellos que se han atrevido a creer que algo en su interior es superior a las circunstancias han alcanzado metas espléndidas". —Bruce Barton

Bienvenido a la zona libre de miedo. En las siguientes páginas aprenderás a desarrollar confianza en ti mismo, valor y determinación inquebrantables en cada área de tu vida. Enfrentarás los mayores retos y oportunidades de tu día a día sin miedo alguno y convencido de tu habilidad para lograr todo lo que te propongas.

La buena noticia es que tienes un potencial extraordinario para el triunfo y la realización personal, así como para lograr prosperidad, ya que cuentas con más talento y habilidad natural de los que podrías usar en mil vidas. Lo único que se interpone entre tus increíbles habilidades y tú mismo es el miedo –de todo tipo–, pero cuando termines este libro, tus temores habrán desaparecido para siempre.

Por más de 25 años he estudiado a mujeres y hombres exitosos buscando las características y cualidades que todos ellos tienen en común y que les han permitido alcanzar mucho más que el promedio de la gente. He leído infinidad de libros, artículos y estudios de investigación sobre el éxito y he llegado a la conclusión de que la cualidad base para triunfar en cada camino de la vida es la confianza que cada persona tiene en sí misma.

Todo soñador que alguna vez ha logrado algo fuera de lo común ha tenido una mayor confianza en sí mismo que la gente con resultados promedio. Cuando tú creas tanto en ti mismo que sepas que tienes la capacidad de alcanzar casi cualquier cosa que de verdad quieras, tu futuro será ilimitado.

La gran pregunta

Una mujer que escuchó uno de mis programas me escribió hace poco contándome que una de mis frases en aquella ocasión le cambió su perspectiva de vida. Fue solo una pregunta: "¿Qué sería lo más extraordinario que te atreverías a soñar si supieras que no vas a fallar?".

Cuando esta mujer empezó a hacerse esa pregunta a sí misma, una y otra vez, todo su enfoque de lo que en realidad era posible para ella se expandió de manera dramática: vio con claridad lo que en verdad quería ser, tener y hacer, y al mismo tiempo se dio cuenta de que solo el miedo y la inseguridad sobre sus propias habilidades la estaban reteniendo.

¿Qué harías de otra forma si tuvieras éxito garantizado en cualquier empresa? ¿Qué tal si una fuerza superior te concediera el poder de alcanzar la meta que te propusieras? Para plantearlo de otra manera, ¿qué tal si no le tuvieras miedo a nadie ni a nada y te sintieras libre por completo para actuar en cualquier área que te proporcione un beneficio? El hecho es que, si desarrollaras la cualidad de la confianza inquebrantable en ti mismo, todo tu mundo sería distinto.

Confianza ilimitada en ti mismo

Con una mayor confianza en ti y en tus habilidades te fijarías metas más altas, harías planes más ambiciosos y te comprometerías a alcanzar objetivos con los que hoy apenas sueñas. Darías los pasos que fueran necesarios para ganar más dinero y disfrutar de un estándar de vida más alto. Tendrías en mente una casa más grande, un auto mejor, un vestuario más sofisticado y vacaciones más excitantes. Querrías todo tipo de bienestar para tu familia y para quienes son cercanos a ti. Harías lo que en realidad quieres y te rehusarías a conformarte con los deseos u opiniones de otros. Definirías tu vida en tus propios términos y vivirías cada día exactamente de acuerdo con lo que tú quieres y no según los deseos de los demás.

Con una mayor confianza en ti mismo serías alguien diferente en cada aspecto de tu vida personal y laboral. Puede que decidieras pedir un ascenso, un aumento, que incluso cambiases de trabajo o de compañía, y hasta de industria. Te moverías de inmediato para hacer lo que fuera que tuvieras que hacer con tal de estar en la ruta del éxito en tu carrera.

Si estás en el sector de las ventas, llamarías a más gente, llevarías a cabo presentaciones mejores y más poderosas, harías más pedidos y cerrarías más tratos. Si estás en la gerencia, organizarías y reorganizarías tus recursos humanos y materiales para crear un ambiente de trabajo que se ajustara a tus metas empresariales a la perfección en vez de estar haciendo concesiones todo el tiempo para intentar complacer a una gran cantidad de gente en distintas instancias.

Con una mayor confianza en ti mismo serías más osado y recursivo, más creativo, estarías más dispuesto a experimentar con ideas y formas nuevas y diferentes de hacer las cosas. Te dispondrías a considerar alternativas inusuales y arriesgadas y te comprometerías por completo con proyectos que hoy siguen olvidados en el cuarto trasero de tu cabeza.

Serías más poderoso, popular y persuasivo

Si tuvieras confianza ilimitada en ti mismo, serías más poderoso, popular y persuasivo. Serías más alegre, amigable y bienvenido a dondequiera que fueras. Hablarías y todos escucharían tus opiniones. Te harías admirar, respetar y buscar por todo aquel que te conociera. El reconocimiento y las responsabilidades fluirían hacia ti por la confianza de la gente en tu habilidad para hacer hasta lo imposible por cumplir con tu trabajo. Se abrirían frente a ti posiciones de prestigio y estatus y la gente te ofrecería oportunidades y posibilidades que ahora ni te alcanzas a imaginar.

Lidiarías mejor con las dificultades

Con una mayor confianza en ti mismo sabrías cómo lidiar de manera más eficaz con los problemas y dificultades inevitables que surgen en el día a día. Pensarías todo el tiempo en términos de soluciones y en cómo tornar cada situación a tu favor. Te reirías de las adversidades que desaniman a la mayoría de gente y que llevan las posibilidades de éxito a las ruinas del fracaso. Harías de tus limones una limonada. Te sentirías invencible e inconquistable.

Con altos niveles de confianza en ti mismo serías mucho más efectivo al lidiar con personas y situaciones difíciles. Podrías ser un negociador mucho más efectivo, capaz de pedir y obtener mejores precios, términos y condiciones en todo lo que compres y vendas.

Te sentirías genial contigo mismo

Con una mayor confianza en ti mismo, creyendo de manera inquebrantable en ti, nada te sería imposible, pero sobre todo, te sentirías genial contigo mismo y realmente feliz en cada aspecto de tu vida al saber que en tu interior tienes la habilidad de dar los pasos adecuados y hacer los cambios que sean necesarios para asegurar que tu vida sea tal y como la quieres.

Tendrías una enorme capacidad de control —que es el requerimiento fundamental para la felicidad, el bienestar y un desempeño máximo. Te sentirías como el "dueño de tu destino y el capitán de tu alma".

Con confianza ilimitada en ti mismo te sentirías por completo determinado y a cargo de tu vida. Tendrías un sentimiento de fortaleza, poder y propósito y tu actitud mental sería positiva, no solo hacia ti sino hacia quienes te rodean y en todo lo que hicieras. Con una confianza sólida serías sin duda un ser humano excepcional.

Desarrolla confianza en ti mismo

Sin embargo, lamentablemente no es tan fácil. La mayoría de la gente tiene una confianza en sí misma limitada y muchos no la tienen en absoluto.

El ser humano tiende a estar plagado de dudas sobre sus propias habilidades y se enfrenta a toda clase de miedos que pueda imaginarse; en particular, a lo desconocido. El sicólogo Abraham Maslow dijo que la Historia de la Humanidad es la Historia de hombres y mujeres "menospreciándose".

La mayoría de la gente tiende a compararse a sí misma de manera desfavorable con los demás. Hay quienes se mortifican con sus propias debilidades y limitaciones, y eventualmente se conforman con mucho menos de lo que en realidad son capaces. En vez de disfrutar de altos niveles de autoestima, respeto y orgullo personal, el promedio de la gente apenas aguanta el día a día.

Pero, si la confianza en sí mismo, y la autoestima que viene con ella, es tan deseable, ¿a qué se debe que tan pocas personas tengan suficiente confianza en sí mismas para lograr el estándar de vida que en realidad les es posible? Existen mil razones, pero el descubrimiento tal vez más maravilloso sobre la confianza en sí mismo es que es una cualidad mental que puedes desarrollar y reforzar de manera sistemática y progresiva a través del tiempo, siguiendo las instrucciones que propongo en este libro.

La buena noticia es que todo mundo tiene una cierta cantidad de confianza en sí mismo, más en algunas áreas y menos en otras, y al trabajar sobre esa base es posible que, si te lo propones, te eleves hasta el punto en que te sientas por completo confiado en cualquier área que sea importante para ti.

La gran ley

Aristóteles postuló la ley más importante que rige nuestra vida cerca del año 350 a. C. La llamó el "Principio de Causalidad" y proclamó por primera vez que vivimos en un universo gobernado por el orden y que hay una razón para todo lo que pasa.

La llamamos la Ley de Causa y Efecto y a menudo es citada como la Ley de Hierro del Destino Humano. Esta ley tiene la capacidad de aprisionarnos en una celda hecha por nosotros mismos o de liberarnos al ofrecernos completa libertad, dependiendo de cómo la utilicemos. Dicha ley en sí, como la Ley de la Gravedad, es neutra.

Esta Ley de Causa y Efecto, que es a la vez una ley física y mental, establece que, por cada efecto en nuestra vida, hay una causa o causas específicas. Si hay un efecto del cual queramos tener más resultados, como más dinero o éxito, debemos rastrear la causa de tal manera que al producirla disfrutemos más de sus efectos. Si estamos en las ventas o en los negocios, y tenemos éxito, debemos rastrear esos triunfos hasta identificar los pasos específicos que tomamos para alcanzarlos y al repetir esas causas, disfrutaremos sin duda de los mismos efectos.

Esta ley también dice que, si hay efectos que no queremos cosechar en nuestra experiencia de vida, —ya sea tener sobrepeso, fondos insuficientes, problemas con la gente o condiciones de negocios negativas—, podemos rastrear el efecto hasta sus causas y, al removerlas o cambiarlas, alcanzaremos efectos o resultados diferentes.

La Ley de Causa y Efecto es tan simple y obvia que nadie la toma seriamente. Vivimos en un mundo y en un universo gobernados por la ley y no por la casualidad. Todo pasa por una razón. Ni el triunfo ni el fracaso son un accidente. Tienen causas específicas y cuando sabemos cómo repetirlas obtenemos los mismos efectos sin importar quiénes seamos. Es tan solo la manera en que el mundo funciona.

Las raíces de una débil confianza en sí mismo

El mundo está lleno de gente que no está satisfecha con sus resultados y no obstante sigue haciendo y diciendo lo mismo, teniendo los mismos pensamientos y actuando de la misma manera cada día, y sin embargo se sorprende de tener los mismos efectos negativos. Para Einstein la locura consiste en "seguir haciendo lo mismo y esperar obtener resultados distintos", pero eso jamás será posible.

La Ley de Causa y Efecto se aplica con igual validez a nuestros niveles de confianza en nosotros mismos. A nuestro alrededor y a través de la Historia de la Humanidad hay y han habido hombres y mujeres con niveles excepcionales de confianza en sí mismos que han alcanzado metas extraordinarias.

Y al estudiar sus vidas e historias encontramos que algunos de ellos crecieron con un incomparable grado de confianza en sí mismos, el cual aprendieron de sus padres en la etapa temprana de su niñez. Pero la mayoría empezó al mismo nivel al que empezamos casi todos, con profundos sentimientos de inferioridad e incompetencia. A causa de críticas destructivas, falta de amor y otros errores que los padres comenten con nosotros en la infancia temprana, crecemos con sentimientos disminuidos de autoestima, con poca confianza en nosotros mismos y con la sensación de "no ser lo suficientemente buenos" en comparación con los demás.

Con su autoestima baja muchas personas trabajan hoy bastante duro en su exterior para alcanzar el éxito. Y a pesar de ello, cuando lo hacen, en el fondo se sienten como "impostores". Este llamado "miedo al éxito" es en realidad un sentimiento de demérito del que no parecemos capaces de deshacernos, sin importar cuánto logremos. Muchos triunfadores y exitosos repiten la frase de la canción de Peggy Lee, "¿Esto es todo?", cuando miran a su alrededor y observan sus hogares y sus autos.

Todos queremos ser felices

Lo que la gente quiere más que cualquier cosa es solo sentirse bien consigo misma. Todos queremos ser felices y positivos y tener una sensación de bienestar. Sobre todo, lo que en verdad queremos es paz mental, y eso solo lo puedes disfrutar cuando confías en tu habilidad para lidiar de manera eficaz con los requerimientos de la vida frente a tu familia, tus amigos, tu trabajo, tus clientes, tus actividades sociales, y en todo aquello en lo que estás involucrado.

La Ley de Causa y Efecto nos dice que, si queremos disfrutar el efecto de la confianza en nosotros mismos, necesitamos involucrarnos en causas en las que nos sintamos por completo confiados. Si logramos descubrir cuál es ese orden en el que los hombres y las mujeres que confían en sí mismos piensan, dicen y hacen, y después hacemos eso mismo, entonces más adelante obtendremos esos dichosos resultados y nos sentiremos de la misma manera. Y al final, seremos imparables.

Entrenamiento de maratón mental

A menudo, para la gente es difícil creer que las cualidades mentales se desarrollan así como las cualidades físicas. Si este fuera un programa sobre cómo correr una maratón, y yo te estuviera ofreciendo entrenarte día a día durante los siguientes seis meses para correr tu maratón, te darías cuenta en algún punto del entrenamiento de que cada persona que no corre profesionalmente tiene la capacidad para pasar de estar fuera de forma a correr una maratón de 42,4 kilómetros en seis meses, siempre y cuando se someta a un entrenamiento disciplinado. Hoy día incluso hay hombres y mujeres entre sus 50 y 60 que corren maratones con este tipo de entrenamiento.

Lo que este libro hará por ti será someterte a una "maratón mental". Esta maratón no será ardua ni dolorosa a nivel físico, como una maratón física, pero requerirá de una enorme cantidad de trabajo. Y la cantidad de trabajo que le dediques determinará de manera exacta los resultados que obtengas.

Si sigues estos principios prácticos y comprobados, extractados de la vida y comportamiento de la gente más poderosa de la actualidad, y cuyos resultados han sido validados científicamente por costosas investigaciones y experiencias, desarrollarás la confianza en ti mismo que deseas para alcanzar cualquier meta que en verdad quieras. Empecemos.

Capítulo 1

LA BASE DE LA CONFIANZA EN SÍ MISMO

*"No hay nada bueno ni malo sino que
es el pensamiento humano el que lo hace parecer así".*
—*William Shakespeare*

Tus pensamientos y sentimientos sobre ti mismo y sobre lo que puedes y no puedes hacer son la suma total que resulta de la experiencia y el condicionamiento que has tenido en tu vida, y en general tienen poca relación con lo que en realidad es posible para ti.

En desarrollo personal hay un principio o una Ley del Devenir que dice que cada persona está en un proceso continuo de devenir o evolucionar y crecer en la dirección de sus pensamientos dominantes.

Tu cuerpo también está en un estado de devenir. A un ritmo normal de muerte y reabastecimiento de tus células, tienes un cuerpo nuevo cada siete años. Mientras la evolución física hacia el devenir de tu cuerpo se efectúa a través de la comida que pones en tu cuerpo, tu evolución mental y devenir están en amplia medida determinados por los pensamientos que pones en tu mente.

Te conviertes en lo que piensas

La Ley de la Concentración dice que "cualquier pensamiento con el que te obsesiones se convierte en tu realidad". Cualquier cosa sobre la que pienses durante un tiempo suficiente y con la suficiente intensidad a la larga se convierte en parte de tus procesos mentales ejerciendo su influencia y poder en tu actitud y comportamiento.

Si todo el tiempo tienes pensamientos de audacia, valentía y asertividad, de manera progresiva te volverás más audaz, más valiente y más asertivo. Entre más pienses en la persona que quieres ser, con las cualidades que te gustaría tener, más la vas a implantar en lo profundo de tu subconsciente y allí esos pensamientos se convertirán en parte de tu evolución actual. Lo que piensas de manera habitual, con el tiempo se convierte en parte de tu carácter y personalidad.

En este sentido eres alguien que se ha hecho a sí mismo. Estás donde estás y eres lo que eres a causa de los pensamientos que has permitido que ocupen tu mente. Sobre lo que sea que hayas estado cavilando en los últimos meses y años, te has convertido y eres ahora mismo el resultado de todos esos pensamientos.

No solo te has convertido en quien eres hoy sino que además continúas con ese trabajo de autoconstrucción con cada pensamiento que tienes. Dado que este es un hecho ineludible de la vida, lo más inteligente que puedes hacer es pensar con persistencia en los pensamientos que se ajusten al tipo de persona que te gustaría ser.

El crecimiento personal no es fácil

Sin embargo, para la mayoría de las personas este salto es demasiado grande. Muchos siguen pensando y hablando justo sobre lo que no quieren que pase y luego se sorprenden todo el tiempo porque exactamente lo que esperaban evitar les pasa una y otra vez.

Uno de los descubrimientos más profundos en toda la Historia de la Humanidad es saber que "el pensamiento es creativo". Los pensamientos que mantienes en tu mente producen otros del mismo tipo. Lo mismo engendra lo mismo. Tus pensamientos se vuelven tus realidades. Te conviertes en lo que piensas la mayor parte del tiempo. No puedes albergar un tipo de pensamiento y experimentar otro tipo de existencia. La Ley de Causa y Efecto funciona a la perfección en todas partes y siempre, para todo el mundo.

Por lo tanto, el desarrollo de una confianza imbatible empieza con que tomes control total, sistemático y resuelto de los contenidos de tu consciencia para que logres entrar en la disciplina de pensar de manera repetida en todo lo que deseas y mantengas tu mente alejada de lo que temes.

Todo en la vida procede de adentro hacia fuera, del interior al exterior. La Ley de la Correspondencia, quizás una de las leyes más importantes de todas las leyes mentales, afirma: "Tu mundo exterior será un reflejo de tu mundo interior". Lo que ves en el exterior es en gran medida lo que está pasando en tu interior. Esto no solo es cierto para ti sino también para todos los que te rodean.

Tu vida interior se refleja en tu vida exterior

Muchas veces vemos gente que parece muy simpática y agradable en el exterior, pero que suele tener problemas continuos en su vida personal y profesional, y nos preguntamos: "¿Cómo es que eventos tan desafortunados le pasan a gente tan agradable?".

El hecho ineludible es que, con algunas excepciones, la mayoría de lo que una persona experimenta en su vida exterior corresponde con exactitud a algo que está pasando en su vida interna, a algo que rara vez tú sabes y que suele ser de otra manera distinta a como tú la estás viendo.

La verdadera felicidad y el éxito provienen de llevar tu existencia en armonía con las leyes que gobiernan tu ser, y aunque esas leyes sean invisibles, son como la Ley de Gravedad, —que también es inevitable pero que ha de ser violada solo a riesgo propio. La gente feliz es aquella que obedece y sigue las leyes de la naturaleza y vive de acuerdo con ellas.

Empieza con tu vida interior

Si quieres disfrutar de confianza *externa* en ti mismo, debes practicar una integridad *interior* total. La base de la confianza en ti mismo es que tu vida esté de acuerdo con tus valores y principios internos, que pienses y actúes en armonía con tus aspiraciones más altas.

Los hombres y mujeres con la confianza más sólida en sí mismos son quienes tienen una claridad absoluta sobre lo que creen que es correcto, está bien y vale la pena. Todo lo que hacen o dicen es una expresión de sus convicciones más íntimas. Todo tu mundo puede derrumbarse a tu alrededor, pero mientras sepas que estás haciendo lo correcto tendrás una profunda sensación de calma que se manifestará en una actitud de confianza y control en cualquier situación.

Tendrás muchos altibajos en la vida, pero lo más importante es que te mantengas "fiel a ti mismo". Pues, como dijo Shakespeare: "Siendo fiel a ti mismo no podrás ser falso con los demás".

Determina tus valores

El punto de partida para desarrollar altos niveles de confianza en ti mismo y convertirte en un ser humano superior es reflexionar y decidir cuáles son tus valores. Las personas con resultados superiores son aquellas que se han tomado el tiempo de decidir con claridad en qué creen y en qué orden, y luego han organizado su vida para que todo lo que hagan refleje esos valores.

Hace poco me dirigí a 150 miembros de la fuerza de ventas a nivel nacional de una compañía muy exitosa. Esta compañía comenzó siendo una idea y ha crecido rápidamente en un mercado en extremo competitivo haciéndose muy rentable.

Toda la gente en la reunión era bastante positiva y animada, y había en ellos una bondad especial. Cuando hablé sobre eso el presidente de la compañía me mostró la declaración de valores que los ejecutivos de la compañía prepararon antes de empezar las operaciones.

Se trataba de dos páginas de valores y principios que se le dan a cada miembro de la compañía cuando se vincula a la empresa. Esas dos páginas fueron reducidas después a tarjetas plastificadas que cada uno carga en su billetera o bolso.

El presidente me contó una historia interesante. Dijo que cuando dos o más personas dentro de la compañía tienen dificultades con una decisión de cualquier tipo, incluso durante conversaciones telefónicas, sacan sus tarjetas plastificadas que describen los valores corporativos. Revisan los valores juntos, uno por uno y comparan las distintas opiniones disponibles con cada valor. Cualquiera que sea la decisión que al final toman, pasa siempre la prueba de los valores, sin excepción.

Valores en los negocios

En un estudio reciente, que abarcó 25 años de historia empresarial, los investigadores encontraron que las compañías que tienen valores claros por escrito, a los cuales todos en la compañía se adscriben, han obtenido un beneficio en promedio 700% más alto durante los últimos 25 años que otras compañías en las mismas industrias sin un código de valores escrito. "Como es adentro, es afuera".

Cuando conduzco un ejercicio de planeación estratégica para una corporación, los ejecutivos de dicha corporación tienden a escoger la integridad como el valor más alto y como el principio de organización más importante de su corporación.

En mi experiencia, casi cualquier entidad escogerá la integridad como uno de sus principales principios de organización. La palabra integridad, de acuerdo con el diccionario, significa "perfecto, completo, unificado, un todo único, sin manchas o fallas". Es un excelente valor para escoger.

Esa es una buena elección, pero en realidad la integridad es más que un valor, es la única cualidad mental que asegura o garantiza todos los demás valores que escojas.

Los resultados económicos y personales de los individuos y las corporaciones con valores claros siempre tienden a ser superiores que aquellos de compañías e individuos cuyos valores son vagos o poco claros.

Aclara tus valores personales

Tu punto de partida hacia una mayor confianza en ti mismo y en tu grandeza como persona es, antes que nada, aclarar los valores más importantes para ti. Eres tú quien debe decidir los valores en los que crees. ¿Qué vas a defender y, sobre todo, qué no vas a defender? ¿Por cuáles valores de los que apoyas estás dispuesto a sacrificarte? ¿Por qué valores pagarías o sufrirías o tal vez incluso morirías?

¿Valoras tu familia? ¿A Dios? ¿Tu salud? ¿Tu trabajo o carrera? ¿Valoras principios como la libertad, la compasión por el menos afortunado o "el respeto por la vida"? ¿Crees en la honestidad, la verdad, la sinceridad, el trabajo duro y el éxito? Cualesquiera que sean tus valores, sopésalos y escríbelos.

¿A quién admiras más?

Un ejercicio útil es pensar en hombres y mujeres, actuales o del pasado, a quienes admires mucho. ¿Qué cualidades o atributos en ellos consideras que son los más importantes? Si pudieras ser como alguno de ellos, ¿cuáles de sus cualidades te gustaría practicar más?

Cuando miras a tu alrededor, a la gente que admiras, ¿qué cualidades de quienes te rodean consideras que son las más importantes? ¿Qué cualidades buscas en tus amigos y asociados cuando estás tratando de decidir si te vas a involucrar profundamente con ellos? ¿Cuáles crees que son las cualidades fundamentales o los valores que sustentan tus relaciones personales y de negocios? ¿Cuáles son tus valores?

Los valores no son negociables

Cuando escoges un valor, si se va a convertir en uno de tus valores, debe volverse inquebrantable. O es un valor fijo y vives cada parte de tu vida consciente de él, o no es uno de tus valores. No puedes tener un valor cuando te resulta conveniente y ponerlo a un lado cuando no lo es. No puedes tener un poquito de integridad: debe ser toda o nada.

El acto de seleccionar tus valores también es el acto de enunciar de manera clara para ti mismo, y a veces para otros, cómo quieres exactamente que sea tu vida a partir de ese momento. Una vez has seleccionado un valor y lo declaras como uno de tus principios unificadores, estás diciendo, en efecto, que se trata de algo en lo que nunca vas a ceder. En la medida en que te adhieras a los valores que tú mismo seleccionaste, esa será la medida de tu carácter y tu verdadera calidad como ser humano.

La confianza inquebrantable en ti mismo proviene del compromiso, también inquebrantable, con tus valores. Cuando en el fondo sabes que nunca vas a pasar por encima de tus principios más altos, experimentas un profundo sentido de poder personal que te permite lidiar de manera abierta y honesta, y con absoluta confianza en ti mismo en todas las situaciones humanas.

Aclaración de valores

Si estás teniendo alguna dificultad aclarando tus valores, un ejercicio muy útil es tomarte un tiempo para escribir tu propia elegía mortuoria. Imagina que todos a quienes conoces y quieres están reunidos en tu funeral para presentar sus condolencias y el sacerdote les lee tu elegía, y en ella describe la persona en la que te convertiste a lo largo de tu vida. Y no solo describe los logros que alcanzaste y cómo contribuiste en la vida de otros sino también lee las virtudes, valores y cualidades con los que fuiste conocido por todos.

Este obituario puede convertirse en tu visión de la clase de persona que quieres ser, y constituir el compendio de valores por los que quieres guiarte. Nadie es perfecto y todos tenemos un largo camino que recorrer para vivir de acuerdo con nuestros valores más altos, pero el hecho mismo de escribir tu obituario ejercerá una poderosa influencia en cada cosa que hagas después de ello. Tanto consciente como inconscientemente estarás inclinado a vivir y actuar más y más como la persona que describiste en el testamento final.

Organiza tus valores

Cuando hayas decidido cuáles son tus valores, tu trabajo aún no habrá terminado. Ahora tienes que organizarlos en orden de prioridad. Necesitas decidir cuál es más importante y cuáles le siguen. Si escribieras cada uno de tus valores en pequeños papelitos y luego tuvieras que botar todos los papeles excepto uno, ¿con cuál te quedarías? Este se convierte entonces en tu valor principal, el que tiene prioridad por encima de todos los demás.

¿Cuál sería tu segundo valor más importante? ¿El tercero? ¿El cuarto? Y así sucesivamente. Tu orden de prioridad es en extremo importante para determinar qué tipo de persona eres y qué clase de vida llevas.

Muchos organizan sus valores siendo Dios el primero; su familia, el segundo; su salud, el tercero; su carrera, el cuarto; y el quinto, tal vez el éxito. Una persona con este orden de valores está diciendo que, cuando la cosa se ponga seria, siempre va a primar el valor con mayor prioridad por sobre todos los que tengan menor prioridad.

El orden de valores te obliga a escoger

Si tu familia viene antes que tu salud o tu trabajo, siempre sacrificarías tu salud o tu trabajo por el bienestar de tu familia. Si tu orden de valores cambiara y tu trabajo o tu éxito financiero vinieran antes que tu salud, estarías diciendo que sacrificarías tu salud, si eso fuera necesario para avanzar en tu carrera.

He conocido gente en los negocios que pone el éxito laboral por encima de su familia en su orden de prioridades, y cuando ha tenido que escoger entre uno o lo otro, prefiere su trabajo en bases regulares por encima de pasar tiempo con su cónyuge y sus hijos. En consecuencia, tanto los matrimonios como las carreras se han visto en serios problemas.

Escoger tus valores y ponerlos en orden de importancia de hecho crea una estructura mental que te permite tomar decisiones más sabias y hacer elecciones óptimas en cada área de tu vida.

Integridad reconsiderada

El Principio de Integridad, o la adherencia a tus valores, parece ser una ley del universo. Cuando violas o comprometes tu integridad por cualquier cosa, parece haber un gran poder o una gran fuerza de retribución que no te permitirá salirte con la tuya.

La integridad es un requisito absoluto para una vida exitosa. Un fallo en la integridad o en comprometer tus valores, no solo parece acarrear un castigo a la altura del crimen, ya sea en los negocios, la política o la vida personal, sino que genera un alto nivel de estrés, infelicidad y confusión interna en la vida del infractor.

Esta necesidad de integridad absoluta requiere que "vivas en la verdad" con toda la gente y bajo todas las circunstancias. Vivir en la verdad significa que nunca vives en una mentira, que jamás comprometes tu integridad por un trabajo ni por dinero ni por una relación. Significa que siempre haces y dices lo que sabes que está bien y es cierto sin importar el costo o beneficio a corto plazo.

Vivir en la verdad quiere decir que no finges ni te autoengañas, que enfrentas tu vida, tus relaciones y tus circunstancias tal y como son y no como te gustaría que fueran. Vivir en la verdad significa que nunca permaneces en una situación que te hace infeliz o que sientes, por alguna razón, que está mal para ti.

Establece la tranquilidad como tu principio más alto

Vivir en la verdad significa que estableces la tranquilidad como tu meta más alta y como tu principio esencial de organización. Por tanto escoges todas tus otras metas siendo consecuente con esto. Nunca comprometes tu tranquilidad por nadie ni por nada.

Haces y dices solo aquello que sientes por completo que es correcto para ti. Aceptas del todo tus propios pensamientos y sentimientos, sean los que sean, y cambias de manera sistemática cada parte de tu vida que no te esté dando tranquilidad. De esta única manera disfrutarás de los altos niveles de confianza en ti mismo que todo individuo de calidad superior experimenta. Es al insistir en que todo lo que hagas te permita vivir en paz contigo mismo que te sentirás realmente bien y sostendrás con éxito todas tus relaciones.

Tus valores solo se expresan a través de tus acciones

Vivir siendo consecuente con tus valores es la clave para tener felicidad, armonía, bienestar y altos niveles de confianza en ti mismo. Esto nos trae al último punto de este capítulo, tal vez el más importante de todos: tus verdaderos valores solo son expresados a través de tus acciones, de todo lo que haces.

Puedes saber qué es en lo que en realidad crees al observar lo que haces en una situación en la que tengas que tomar una decisión. En especial cuando estás estresado y te llaman de dos direcciones a la vez, con exigencias y responsabilidades opuestas, es ahí que se revelan tus verdaderos valores.

La acción que emprendes en cualquier situación te dirá cuál de tus valores es predominante o si tienes valores en lo absoluto. No es lo que dices, esperas, deseas o tienes la intención de hacer sino solo lo que haces, lo que en verdad cuenta. Tus elecciones sobre las acciones que emprendes te dicen sin duda quién eres en realidad.

De hecho, sabrás cuáles han sido tus valores en el pasado al mirar hacia atrás y observar qué hiciste bajo estrés cuando tuviste que tomar una decisión importante. ¿Escuchaste a "tus ángeles de la guardia" o cediste tus valores por una ventaja a corto plazo?

Una persona que dice que su familia viene primero y que luego tiene que escoger entre trabajar hasta tarde o ir a una obra de teatro del colegio o una actividad deportiva de su hijo, y que escoge las necesidades de su hijo sobre las demandas de su jefe, es alguien que de verdad está viviendo de manera consecuente con sus valores más importantes.

Todo el mundo ha tenido la experiencia de abandonar un trabajo o una relación, incluso cuando involucraba un sacrificio considerable porque era lo correcto —aunque fuera doloroso— y si te ha pasado, ¡es probable que recuerdes lo bien que te sentiste como resultado de tu decisión!

Cuando actúas de acuerdo con un valor superior, siempre te sientes maravilloso contigo mismo y tu confianza en ti se desborda.

Sin embargo, cuando comprometes tus valores por cualquier razón, te sientes incómodo, inferior, culpable, y tu confianza en ti mismo se va a pique.

La Ley de la Reversibilidad

El hecho de que tus verdaderos valores solo se expresen a través de tus acciones nos trae a un principio mental poco conocido llamado la Ley de la Reversibilidad, la cual argumenta que, así como los pensamientos y sentimientos conllevan a acciones consecuentes con estos, este principio es reversible y las acciones que son consecuentes con valores particulares o creencias, de hecho llevan a los pensamientos y sentimientos que hubieran desencadenado esas acciones.

Lo que esto significa es que, incluso si empiezas con una carencia de una determinada cualidad, pero actúas de manera deliberada como si ya la tuvieras, con el tiempo crearás en ti esa cualidad mental que corresponde a la acción.

El Dr. William James, de Harvard, lo explica así: "La acción parece seguir a los sentimientos, pero en realidad acción y sentimientos van juntos, y al regular la acción, que está bajo un control más directo de la voluntad, regulamos el sentimiento de manera indirecta, —que no lo está".

El Principio de Actúa-como-si

Es posible incorporar más valores a tu conjunto de valores al actuar como si ya los tuvieras. Así desarrollarás por ejemplo integridad, valentía, compasión, confianza, etc., al comportarte como si ya contaras con ellas. Entre más "actúes el papel", en especial cuando demuestras esas cualidades en situaciones de estrés o cuando quisieras hacer o decir otra cosa, más pronto esas cualidades se convertirán en una parte permanente de tu maquillaje mental. Entre más practiques buenos valores, más rápido te convertirás en una persona realmente superior.

Las claves para desarrollar una confianza inquebrantable en ti mismo que harán que todo lo demás sea posible para ti son el autocontrol, el dominio propio y la autodisciplina. La confianza en ti mismo viene de forma indirecta al decir y hacer lo que dices, y de practicar comportamientos que nos llevan a sentir confianza. El comportamiento más importante del desarrollo personal es vivir de manera consecuente con los valores individuales más importantes para cada oportunidad.

El Principio de Resistencia

En levantamiento de pesas, levantar de manera repetida pesos pesados, desarrolla músculos. Entre más alto sea el peso y mayor sea la resistencia, más sangre corre por los capilares y más grandes se vuelven los músculos.

En el desarrollo mental también rige el Principio de Resistencia. Al desarrollar "músculos mentales", en especial el músculo mental o la cualidad de la confianza en ti mismo, puedes usar este principio para acelerar tu propio desarrollo. Cuando ejerces dominio propio y te disciplinas para hacer o decir lo correcto, en especial en situaciones de estrés, creas resistencia a tus tendencias naturales. Esta resistencia genera fricción. Este es el mismo tipo de fricción o calor que, al aplicarse a un crisol que contenga químicos, hará que los químicos se cristalicen y adopten una nueva forma.

Cuando creas fricción mental al resistir tus tendencias naturales y haces lo que sabes que es correcto, verdadero y de acuerdo con tus valores más importantes, en especial en una situación difícil, el "calor mental" hace que tus valores se cristalicen a un nivel más alto y con el tiempo se vuelvan parte de tu carácter.

Desarrolla tu fuerza interior

Cada cualidad humana está sujeta a esta misma fórmula. Una vez has resistido una gran adversidad, eres siempre capaz de resistir dificultades menores. Una vez has actuado con valor en una confrontación mayor, siempre sabrás actuar con valor para enfrentar confrontaciones menores. Cada vez que te comportas con honestidad cuando hay mucho en juego, después serás capaz siempre de comportarte honestamente cuando estés lidiando con situaciones que implican riesgos menores.

La base de la confianza en ti mismo, de la osadía y la asertividad, es una profunda confianza interior cimentada en el hecho de vivir con total integridad y someterte a la disciplina de ser consecuente con tus valores más importantes en cada situación. Cada vez que haces esto te sientes positivo, feliz y muy bien contigo mismo. Tus comportamientos se cristalizarán después en tu personalidad y serán una parte permanente del ser humano excepcional en el que estás en proceso de convertirte.

Ejercicios de acción

1. Haz una lista de los tres valores más importantes que gobiernan tu vida personal.

2. Haz una lista de los tres valores más importantes que practicas en tu trabajo y en tu vida laboral.

3. Haz una lista de tres personas, presentes o que ya fallecieron, con las que más te gustaría pasar una tarde.

4. ¿Por qué te gustaría una tarde con ellas? ¿Sobre qué te gustaría hacerles preguntas o conversar?

5. ¿Por qué esas tres personas querrían pasar una tarde contigo? ¿Cuáles son tus cualidades más admirables?

6. Describe tres ocasiones en las que hayas vivido de acuerdo con tus valores más altos cuando hubieras podido ceder.

7. ¿Qué vas a hacer que sea distinto a partir de ahora para asegurar que tus valores y acciones están en armonía?

Capítulo 2

PROPÓSITO Y PODER PERSONAL

"No puede haber gran valor donde no hay confianza o seguridad pues la mitad del triunfo en la batalla está en la convicción de que podemos realizar lo que emprendemos".—Orison Swett Marden

El desarrollo de una confianza inquebrantable te abrirá posibilidades inimaginables. Serás capaz de ir tras sueños más grandes, de establecer metas más altas, de hacer mayores compromisos y enfrentar la vida con más sinceridad que nunca antes.

La confianza en sí mismo es la bisagra mediante la cual gira la puerta del éxito individual. Cuando tu confianza en ti mismo se vuelva ilimitada, serás más consciente que nunca del potencial que hay en ti, más que bajo ninguna otra circunstancia.

Hace más de dos mil años Aristóteles escribió: "La felicidad es una condición y no algo alcanzable al perseguirlo directamente. Más bien llega como el resultado de nuestro compromiso con actividades que tengan un propósito".

La Ley del Esfuerzo Indirecto

De cierta manera, esta es una reformulación de la Ley del Esfuerzo Indirecto, la cual dicta que, casi todo lo que nos llega en la vida que involucra gente y experiencias emocionales, nos llega más de manera indirecta que directa, y como resultado de otra cosa.

Por ejemplo, si buscamos la felicidad de manera directa, nos evade. Sin embargo, si nos ocupamos haciendo algo que es muy importante para nosotros y empezamos a hacer verdaderos progresos en dirección de nuestros sueños y aspiraciones, en efecto, nos sentimos muy felices.

La confianza en sí misma también está sujeta a la Ley del Esfuerzo Indirecto. Alcanzamos altos niveles de confianza en nosotros, no al desearla sino estableciendo y alcanzando metas y objetivos cada vez más altos. Mientras avanzamos paso a paso, al sentir que lo logramos, nos sentimos mejor, más fuertes y capaces de emprender retos cada vez mayores.

Vuélvete más confiado y competente

Desarrollamos la confianza para enfrentar metas más altas al emplear nuestras energías para cumplir metas más pequeñas. Vamos construyendo nuestra confianza mientras vamos avanzando hasta alcanzar el punto en que no haya nada que no podamos emprender.

De hecho, el hábito de establecer y alcanzar metas más altas es absolutamente indispensable para el desarrollo de niveles más altos de confianza y esfuerzo personal. Solo tú puedes creer de verdad en ti cuando sin duda sabes que tienes la habilidad de hacer lo que te propones.

La verdadera confianza en ti mismo no proviene de tener buenos deseos o esperanzas positivas o pensamientos positivos sino de ser positivo basado en el hecho de haberte probado a ti mismo, una y otra vez, que tienes lo que se necesita para ir de donde sea que estés y a donde sea que quieres ir.

La confianza en sí mismo es un estado mental, es una actitud, y como tal es más importante que los hechos. Sin embargo, debe estar basada en hechos para ser el tipo de confianza en ti con la que puedes contar en un momento decisivo. Tu trabajo es hacer lo que tengas que hacer para convencerte en tu corazón de que eres imparable por completo para alcanzar lo que te propongas.

El pensamiento es creativo

Si la confianza en sí mismo es una actitud mental, está basada en principios y leyes mentales, siendo la principal: "El pensamiento es creativo". No eres lo que piensas que eres sino que, lo que piensas, eso eres. Cuando cambias de manera sistemática y deliberada tu forma de pensar sobre ti, tu realidad externa cambia conforme a ella. Tus pensamientos crean tu vida, incluyendo en particular tus pensamientos con relación a tus sentimientos de confianza en ti.

La razón por la cual las metas son tan importantes es por esas leyes mentales cuyas consecuencias son inevitables e ineludibles. Eres feliz y exitoso en la medida en que tu vida y tus pensamientos sean conforme a esas leyes y vivas en armonía con ellas.

La primera ley, que ya hemos discutido, es la Ley de Causa y Efecto, y es tan simple y poderosa que necesitas recordártelo todo el tiempo. Todo lo que pasa en tu vida –éxito o fracaso, riqueza o pobreza, salud o enfermedad, felicidad o infelicidad, confianza en sí mismo o inseguridad– está sujeto a esta ley.

La Biblia enseña esta ley básica como el "Principio de Cosechar y Sembrar" y dice que "todo lo que el hombre siembre, eso también cosechará". Esto se refiere en especial a los pensamientos que tienes. Si siembras pensamientos positivos, optimistas y animados en tu mente, cosecharás eventos y experiencias positivos. No es de otra manera.

La Ley de la Atracción

Un corolario de la Ley de Causa y Efecto es la Ley de la Atracción. Esta es una de las leyes más importantes de todas las leyes mentales para explicar lo que te sucede y sostiene que, todo lo que se parece se atrae, y que atraes de manera inevitable a gente, ideas, circunstancias y oportunidades que están en armonía con tus pensamientos dominantes. Al igual que un imán atrae limaduras de hierro, tú también atraes lo que sea consecuente con lo que estás pensando la mayoría del tiempo.

Como esta es una ley, no puedes pensar una cosa y atraer otra. Lo que estás pensando la mayoría del tiempo, eso mismo es lo estás atrayendo a tu vida desde todas las direcciones. Es por esto que metas borrosas atraen resultados borrosos al igual que las metas claras atraen resultados claros. Como tu nivel de confianza en ti mismo está ligado de manera directa a qué tan efectivo te sientes al alcanzar tus metas es muy importante que sepas con exactitud qué es lo que quieres y que no pienses en nada más.

La Ley de la Correspondencia

Otra ley mental, también corolario de la Ley de Causa y Efecto, es la Ley de la Correspondencia. Esta ley dice que tu mundo exterior tiende a corresponder con tu mundo interior. Tu mundo exterior de salud, riqueza y relaciones será un reflejo de la manera en que piensas sobre todos esos aspectos.

Hay un dicho que dice que "los pensamientos que están en tu mente producen otros iguales". Tus pensamientos y metas son como semillas y tu mente es como un terreno fértil. Cualquier semilla, positiva o negativa, clara u opaca, que estás plantando en tu mente, crecerá para ser tu realidad.

Lo que estés cosechando o experimentando hoy es el resultado de lo que has cultivado en el pasado. Como tu mente no es una aspiradora, no permanece vacía, y como en un jardín, crecerán flores o crecerá maleza.

Tus pensamientos son las fuerzas más poderosas del universo. Son tanto creativos como causativos. Cada minuto de cada día están formando el mundo a tu alrededor. Shakespeare dijo: "No hay nada bueno ni malo sino que es el pensamiento humano el que lo hace parecer así". Tu vida es lo que tus pensamientos hacen que sea.

La Ley de la Concentración

Otro principio que afecta tu vida es la Ley de la Concentración. Este es un principio importante para determinar el desarrollo y mantenimiento de la seguridad en ti mismo. La Ley de la Concentración, como lo mencioné antes, dicta que, aquello con lo que sea que te obsesionas, se convierte en tu realidad.

Pensar sobre un mismo tema con frecuencia y darle vueltas todo el tiempo es como darle agua y abono a una semilla. La concentración hace que el asunto crezca más rápido ante tus ojos. Entre más piensas en cualquier meta, una mayor cantidad de tus capacidades mentales se dedican a hacer que esa meta se haga realidad.

La Ley de la Concentración explica por qué la dedicación enfocada en un único propósito va de la mano con un gran logro. La habilidad de concentrarse sin distracciones en un solo tema, excluyendo otros, explica por qué la gente común alcanza metas extraordinarias. Peter Drucker afirmó: "Cuando encuentres algo que está dando resultados, tendrás frente al espejo a un monomaniaco con una misión".

Por esta ley mental, cuando un individuo promedio con capacidades regulares dedica todos sus poderes mentales al cumplimiento de una sola meta, suele ocurrir que logra alcanzar mucho más que una persona aparentemente más productiva pero cuyas energías se han dispersado al tener varias metas a la vez, o, como es común que suceda, ninguna meta.

La Ley de la Sustitución

La Ley de la Sustitución dicta que "tu conciencia solo puede mantener un pensamiento a la vez, positivo o negativo". Cualquier pensamiento que se mantenga de manera continua en tu conciencia eventualmente será aceptado por tu subconsciente como una instrucción u orden.

Tu subconsciente, en armonía con esas otras leyes mentales, trabajará 24 horas al día para hacer de tu pensamiento dominante o idea una realidad. Tu subconsciente tiene un poder desmesurado. Es el repositorio de todas tus emociones, creencias, valores, actitudes y sentimientos. Todos tus pensamientos y sentimientos son almacenados en tu subconsciente a lo largo de tu vida.

El desarrollo de la confianza inquebrantable en ti mismo que deseas requiere que te acerques a tu "computador mental" y tomes cada paso necesario para programar la confianza en ti mismo en lo profundo de tu subconsciente.

La Ley de la Emoción

La última ley mental que necesitas conocer en el desarrollo del propósito, poder personal y confianza en ti mismo es la Ley de la Emoción. Esta ley dice que cada decisión que tomas, cada pensamiento que tienes, cada acción que efectúas, está basada en una emoción de algún tipo. Las dos emociones primarias son, ya sea la emoción del miedo, en un extremo del espectro de las emociones, o la emoción del deseo, en el otro extremo del espectro.

Cuando mantienes un pensamiento cargado de emoción en tu conciencia, este es aceptado con rapidez por tu subconsciente el cual activa todos tus poderes mentales y empieza a convertir ese pensamiento interno en un resultado o una experiencia de tu mundo externo.

Entre más poderosa sea la emoción –entre más efecto tenga en tus pensamientos y acciones– más rápido será el cambio en tu experiencia. Si la emoción tiene la fuerza suficiente, el cambio puede ser instantáneo.

El poder de la decisión

Tuve un amigo que fumó durante 30 años y decía que no podía dejar de fumar porque era un hábito profundamente arraigado que se remontaba a los inicios de su edad adulta. Un día sintió unos dolores de pecho y fue a ver a su doctor, quien le ordenó una serie de exámenes. Cuando llegaron los resultados el doctor hizo sentar a mi amigo y le dijo que tenía un serio problema del corazón y que, si seguía fumando, estaría muerto en seis meses.

Samuel Johnson dijo: "Cuando un hombre va a ser colgado al día siguiente, se le despeja la mente de manera asombrosa". La idea de morir estaba tan cargada emocionalmente para mi amigo, que sacó sus cigarrillos, los tiró en la caneca y nunca más volvió a tocar uno.

Del lado positivo, si estuvieras del todo convencido de que estás destinado a tener mucho éxito, y de que no habría nada en el mundo de pudiera impedirte alcanzar grandes cosas mientras te dedicaras con sinceridad a cada actividad y persistieras hasta triunfar, te convertirías en una fuerza irresistible de la naturaleza. La profundidad de tu pensamiento y la fuerza de tu convicción aumentarían de manera dramática el poder de tu personalidad. Si en verdad creyeras en tu habilidad de cosechar grandes triunfos, te volverías imparable.

Las cuatro Ces de la confianza interior

Puedes desarrollar este tipo de creencia, esta confianza interna al desarrollar lo que llamo "las cuatro Ces".

1. **Claridad:** Decide con exactitud qué es lo que quieres alcanzar y en qué tipo de persona quieres convertirte.

2. **Convicción:** Desarrolla la sólida creencia de que puedes hacer lo que sea que te propongas.

3. **Compromiso:** Decide hacer lo que sea necesario. Desarrolla la voluntad de pagar el precio por adelantado por cualquier triunfo que desees.

4. **Consistencia:** Decide trabajar en tus metas cada día, mañana, tarde y noche hasta que las hayas alcanzado. Cuando respaldes tus metas y acciones con claridad, convicción, compromiso y consistencia, irás camino a desarrollar el tipo de confianza que hará todo posible para ti.

La importancia de las metas

La razón por la que las metas son tan importantes en el desarrollo de la confianza en ti mismo es porque el acto como tal de establecer una gran meta en tu vida activa todas las leyes mentales a tu favor. Será como si todos los interruptores estuvieran prendidos en tu motor de logros, y los postquemadores de tu potencial estuvieran prendidos.

Las metas claras te liberan de la Ley del Accidente, es decir, de la tendencia que tienen las cosas a pasar de manera aleatoria e impredecible. Las metas te dan un sentido claro de dirección y el saber que tu vida está llena de autodeterminación. Las metas te dan un sentimiento de poder, propósito y enfoque. Te hacen sentir que todo lo que te pasa hace parte de un plan organizado que te está llevando paso a paso hacia el cumplimiento de tus ideales más altos.

Tu habilidad para establecer metas y hacer planes para su cumplimiento es la "destreza máxima" del triunfo, sin la cual muy poco es posible. El hábito de establecer metas con regularidad y alcanzarlas es casi más importante que cualquier otra habilidad que puedas aprender jamás.

La destreza máxima del éxito

Durante años he sido testigo de miles de ejemplos entre mis estudiantes de los increíbles poderes de establecer metas. Hace poco me dirigí a alrededor de 600 miembros de una asociación nacional en su convención anual en Phoenix, Arizona. Durante esta charla enfaticé sobre la importancia de escribir con exactitud lo que uno quiere y después diseñar por escrito los planes para alcanzarlo.

Eso fue un sábado. Unos cinco días después, el jueves siguiente, uno de los asistentes llamó a mi oficina para obtener mi número de fax. Dijo que quería enviarme algo de inmediato y no quería esperar al correo.

La carta que llegó contaba una historia increíble: el caballero remitente decía que había escuchado sobre establecer metas muchas veces y que estaba listo para salir poco impresionado de la charla que yo dictaba en la convención. Sin embargo, pasó todo lo opuesto. Decidió sentarse después de la conferencia y escribir sus metas para el siguiente año con seriedad.

La carta decía que el sábado había hecho una lista de 10 metas, tanto personales como financieras, que quería alcanzar en los siguientes 12 meses. Lo que lo impresionaba era que había cumplido con 5 de las 10 metas el lunes, es decir, el día siguiente, a las 5 de la tarde. ¡Apenas podía creerlo! Anotó con velocidad otras 5 metas para volver a tener otras 10, y para el martes, cuando escribió la carta, había cumplido 5 otras de la nueva lista de 10 metas. Sintió que había progresado más en una semana con metas y planes claros y por escrito, que lo que logró en todo el año anterior.

Historias de éxito memorables

Otro hombre, inmigrante reciente de Pakistán, estaba quebrado y durmiendo en el suelo cuando alguien intentó ayudarlo dándole a escuchar uno de mis programas de audio sobre cómo establecer metas. Eso transformó su vida. Cuatro años después había fundado y construido dos negocios exitosos y su capital era más de un millón de dólares.

Una mujer que estaba pasando por un período difícil de su vida, con problemas personales, de salud y financieros, decidió sentarse, establecer nuevas metas y hacer algunos planes para resolver sus dificultades. Como resultado, al año salió de una mala relación, se unió a Alcohólicos Anónimos y dejó de tomar, perdió 18 kilos y triplicó sus ingresos a más de $100.000 dólares por año. Le atribuyó su triunfo al poder de las metas escritas.

Existen innumerables testimonios sobre el poder de las metas por escrito. Las recibo en persona y por correo electrónico cada semana y de gente de todo el mundo. Antes que este capítulo termine, te daré una simple técnica para establecer metas que puede poner a andar tu vida a máxima velocidad.

Los miedos te retienen

¿Recuerdas cuando dije que todo lo que haces es el resultado, ya sea del miedo o del deseo? El miedo es, y siempre ha sido, el peor enemigo de la especie humana y también es el enemigo más grande de la confianza en sí mismo. El miedo nos retiene más que cualquier otro factor. El miedo, de todo tipo, funciona en nosotros de manera inconsciente para subestimar y sabotear nuestras mejores intenciones y nuestras más grandes esperanzas.

De hecho, mientras lees estas palabras, es probable que estés pensando en un miedo que te está reteniendo de alguna manera. Sin importar lo que hagas, el miedo asomará su horrible cabeza e intentará hacerte tropezar. A veces el miedo aparecerá de manera consciente en forma de racionalizaciones y excusas que usarás para sabotearte a ti mismo y retenerte.

En otras ocasiones verás cómo tú mismo evitas establecer las metas diciendo que "yo ya sé cuáles son mis metas; no necesito escribirlas." Tu subconsciente te dirá: "Si no estableces metas claras, no pasarás por la experiencia de fallar". Esto es tan solo otra manera de decir que en realidad no crees en tu habilidad de mejorar en lo que estás haciendo ahora.

A menudo el miedo aparecerá como tu procrastinación para escribir tus metas. Decidirás escribirlas todas durante el fin de semana, en tus vacaciones, durante el verano, cuando puedas dedicarle un par de horas o en algún momento indefinido del futuro. Después, como el 97% o más de los adultos, nunca lo harás. Empezarás a racionalizar y dirás: "Bueno, considerando mi situación, es probable que, de todas formas, hacerlo no significará ninguna diferencia".

La zona de comodidad

Si el peor enemigo de la confianza en sí mismo es el miedo, entonces el peor enemigo del triunfo humano es la zona de comodidad. Los sicólogos han determinado que cada uno de nosotros tiene una tendencia natural a ir hacia una zona de desempeño y comportamiento en la que estemos cómodos, una que sea fácil y poco retadora, y luego nos quedamos allí.

Dejamos de intentarlo. Nos relajamos. Día a día desarrollamos hábitos que nos llevan a un pobre desempeño y al fracaso. Nos conformamos con mucho menos de lo que en realidad somos capaces. Nos involucramos en las redes sociales, vemos televisión, oímos música, socializamos y en general perdemos el tiempo convenciéndonos de vez en cuando de que eso es lo mejor que podemos hacer.

La mayoría de gente está en su zona de comodidad por voluntad propia. Tu actitud y personalidad, tu manera habitual de responder hacia la gente y hacia la vida, todas conforman tu zona de comodidad. El dinero que ganas, tu estándar de vida y tu nivel de desempeño en el trabajo son tu zona de comodidad. Tu nivel de actitud mental y física son tu zona de comodidad.

Resistencia al cambio

La tendencia natural, una vez que una persona entra en una zona de comodidad, es resistir cualquier tipo de cambio, incluso uno benéfico. Si te ves obligado a salir de tu zona de comodidad, por ejemplo tras el colapso de una relación o la pérdida de un trabajo, tu tendencia natural será intentar recrear la misma zona de comodidad con el mismo tipo de persona o haciendo el mismo tipo de trabajo.

Todo mundo ha tenido la experiencia de perder un trabajo que no le gustaba solo para ir a buscar uno similar, desempeñando casi las mismas actividades. Nos involucramos en una relación que no funciona y nuestra tendencia natural es intentar formar una nueva relación con un tipo de persona similar. Ganamos una cierta cantidad de dinero y, en vez de intentar aumentar nuestra habilidad de ganancia, ajustamos nuestro estilo de vida y nos acomodamos a esa situación financiera.

La tragedia de la zona de comodidad es que, primero que todo, empieza siendo cómoda pero lleva pronto a la complacencia. Eventualmente la complacencia lleva al aburrimiento, a la pregunta "¿Es esto todo lo que hay?", y en vez de que la vida sea una emocionante aventura, se vuelve una repetición aburrida de lo que pasó ayer.

Con el tiempo, la zona de comodidad lleva, a través de la complacencia y el aburrimiento, a la frustración y la infelicidad. En lo profundo, la persona promedio sabe que fue puesta en esta tierra con capacidades increíbles, y que hay para ella algo mejor que lo que tiene en el presente. Como dijo Carl Rogers, el sicólogo: "En cada organismo hay un impulso innato hacia la realización completa de sus posibilidades inherentes". Existe un "algo" agobiante al interior que le dice a cada ser humano que hay mucho más que podría tener o hacer. Y este sentimiento también está en tu interior.

El logro de la grandeza personal

Los hombres y las mujeres grandiosos son aquellos que creen por completo en que fueron puestos en esta tierra para hacer algo maravilloso con su vida. Tienen una visión de algo mayor o mejor que sus circunstancias actuales. La grandeza personal significa tener un sentido del destino y la convicción de que tus pensamientos y tu imaginación son los únicos límites reales de tus posibilidades.

William James dijo: "Comparados con lo que deberíamos ser, estamos apenas medio despiertos. Solo estamos usando una pequeña parte de nuestros recursos físicos y mentales. Exponiéndolo ampliamente, el individuo humano vive, por lo tanto, muy dentro de sus límites. Posee poderes de varios tipos que con regularidad no utiliza".

El fundador de la revista *Success*, Orison Sweet Madden, afirmó: "Hay poderes en tu interior, que, si pudieras descubrir y utilizar, harían de ti todo lo que alguna vez soñaste o imaginaste que serías".

En un estudio de cinco años sobre líderes, presentado en su libro *Líderes*, Warren Bennis descubrió que cada uno de ellos evita de manera consciente la "zona de comodidad" al fijar metas más altas de manera continua. Nunca se permiten a sí mismos volverse complacientes. Viven con amplitud, siempre luchando por ser y hacer más.

Para desarrollar una confianza sólida necesitas verte a ti mismo y pensar en ti como un líder y hacer lo que los líderes hacen.

Necesitas estirarte hasta los límites más extremos de tu potencial, establecer metas que saquen de ti lo mejor que hay en tu interior, trabajar hacia objetivos que te hagan tener un sentimiento de maestría y desempeño máximo. Y todo empieza con una libreta, un lapicero y tú.

No imagines límites

El punto de partida para establecer metas es que abandones todas las limitaciones mentales y dejes que tu mente vague con libertad por un universo entero de posibilidades. Tu principal tarea en principio es permitirte "soñar en grande" y determinar con exactitud qué es lo que quieres sacar de la vida en cada área y en cada dimensión. Decide qué es lo correcto antes de decidir lo que es posible. Imagina que puedes ser, tener o hacer literalmente todo lo que en realidad quieres, siempre que sepas con exactitud lo que es.

Primero, haz tu lista soñada. Imagina por un momento que no tienes limitaciones de tiempo, dinero, conocimiento, contactos, experiencia o educación. Imagina que cualquier meta que escribirás es posible para ti. Recuerda que, cualquier meta que sepas definir con claridad y cristalizar en el papel, es posible, siempre y cuando la deseas durante el tiempo suficiente y con la intensidad suficiente, y si estás dispuesto a hacer los esfuerzos y sacrificios que sean necesarios.

No hay metas poco realistas, solo cronogramas poco realistas. El acto mismo de escribir tus metas pone a todo el universo a trabajar a tu favor y activa todas las leyes mentales para ayudarte. De hecho, muchas personas han tenido la experiencia de escribir una lista de metas el día de Año Nuevo, guardarlas y no volver a verlas hasta el fin del año, para descubrir que alcanzaron casi el 80% de esas metas, y a veces de las maneras más increíbles.

El acto mismo de escribir metas grandes y desafiantes hace que pasen tres cosas. Primera, el concepto que tienes de ti mismo mejora y tu confianza en ti aumenta de inmediato. El acto de establecer metas requiere de confianza y construye confianza de manera simultánea. Tener el valor de escribir lo que en verdad quieres mejora tu imagen propia y aumenta tu autoestima. La acción en sí misma genera un sentimiento de mayor poder personal y habilidad.

Segunda, accedes a tus poderes mentales y emocionales. Establecer metas te provoca una explosión de energía física y mental. Tus ritmos cardiaco y respiratorio aumentan. El hecho mismo de establecer metas es de por sí emocionante. Suena un poco cursi, pero alguien dijo alguna vez: "¿Te sientes apático? ¡Haz una lista!". Es verdad. Es como pisar el acelerador de tu propio potencial físico y mental. Y si lo haces cada día, los resultados llegarán a ser grandiosos.

Tercera, consígnalo en el papel. El haber consignado tu meta en un papel aumenta de manera dramática las probabilidades de que la alcances. Tu mente está estructurada de tal manera que no puedes escribir con claridad una meta en el papel (¡no en una pantalla de computador!) sin tener, simultáneamente, la capacidad de cumplirla de alguna forma. La pregunta más importante es: "¿Qué tanto la quieres?".

Hay varios ejercicios mentales para determinar tus metas:

1. Imagina que acabas de ganar un millón de dólares en efectivo y que puedes hacer o tener lo que quieras con el dinero. ¿Qué es lo primero que harías? ¿A dónde irías? ¿Qué cambios harías en tu vida? Si tuvieras libertad financiera absoluta, ¿qué harías distinto a lo que estás haciendo ahora?

2. Describe tu estilo de vida ideal. Imagina que pudieras vivir tu ideal de la vida perfecta. ¿En qué parte del país escogerías vivir? ¿Para qué tipo de compañía desearías trabajar o fundar y dirigir por tu cuenta? ¿Qué tipo de casa y auto querrías? ¿Cómo te gustaría pasar tu tiempo y tu vida? ¿Qué tipo de relaciones querrías?

3. Pregúntate qué harías si hoy supieras que solo te quedan seis meses de vida. Si no tuvieras limitaciones, ¿cómo pasarías esos últimos seis meses? Es otra manera de preguntar: "¿Qué es realmente importante para ti?" ¿Con quién quisieras pasar tiempo? ¿Qué te gustaría lograr? ¿Qué te gustaría dejar atrás? En otras palabras, ¿qué es lo que en realidad valoras? ¿Cuáles son las cosas que en verdad le dan significado y propósito a tu vida?

4. Haz una lista de tus preocupaciones y problemas y escribe una meta que sea la solución perfecta para cada una de esas dificultades. Si el dinero es una preocupación, escribe una meta que defina con claridad cuánto quieres ganar, cuánto quieres ahorrar y qué quieres alcanzar en el ámbito financiero de los próximo tres a cinco años.

5. Piensa en tu familia y tus relaciones. Describe la situación perfecta entre la gente importante en tu vida y elabora una serie de metas para alcanzar esa situación.

6. Evalúa tu salud. Describe lo que para ti significa una perfecta salud física y mental y diseña tu plan para alcanzar esos niveles.

7. Define el tipo de persona en que te gustaría convertirte, tanto en el ámbito personal como profesional. Después, establece un plan de desarrollo personal y profesional que te

permita aprender, crecer y convertirte en ese ser que tanto anhelas. Recuerda, Goethe afirmó: "Antes que logres tener algo, primero debes ser algo".

Categoriza tus metas

Una vez hayas escrito tus metas, divídelas en las distintas áreas de tu vida que son importantes. Hay seis divisiones básicas que la mayoría de gente usa, pero para cada persona pueden ser más o menos:

1. Metas financieras y económicas
2. Metas familiares y personales
3. Metas de superación personal y educación
4. Metas espirituales
5. Metas de salud y buen estado físico
6. Metas sociales y comunitarias

Para desempeñarte al máximo de tu potencial tu vida debe estar en balance. Esto significa que necesitas tener metas en cada área para estar moviéndote de manera progresiva en algo que sea importante para ti todo el tiempo.

Organiza tus metas

El siguiente paso, una vez que tengas todas tus metas por escrito, organízalas en orden de prioridad. Selecciona las metas que son más importantes que otras y ponlas en el primer lugar de cada lista. Después escoge las metas que están en segundo, tercer y cuarto lugar, y sigues así.

Finalmente, tal vez lo más importante al establecer tus metas es que selecciones una meta entre todas y que sea más importante que cualquiera otra. Esta es la clave de tu éxito. La disciplina mental para establecer metas, clasificarlas y después escoger tu principal objetivo o el más grande de tus propósitos definidos, es el punto de partida de la grandeza individual.

Ese propósito definido más grande es la meta, el logro que te llevará a alcanzar muchas de tus otras metas. Esta meta se convierte en el centro de atención de todas tus otras metas y actividades y es lo que te permite concentrar todos tus recursos mentales como un láser sobre una sola cosa. Tus avances hacia esta única meta son lo que con el tiempo generan la confianza inquebrantable que deseas.

Enfoque y concentración

Este enfoque intenso en una meta no es fácil, pero tiene toda la importancia del caso. Orison Swett Marden escribió: "Los gigantes de la raza han sido hombres y mujeres con concentración que han dado golpes de mazo en un mismo lugar hasta alcanzar su propósito. Los hombres y mujeres exitosos de hoy son aquellos con una idea maestra, con un objetivo decidido, con un propósito único e intenso".

Marden también dijo que "todo gran hombre se ha vuelto grande, todo hombre exitoso ha triunfado en tanto ha dedicado sus poderes a un aspecto de su vida en particular".

La concentración enfocada en la dirección de tus sueños intensificará tus deseos y aumentará tu impulso emocional hacia tu meta. Esta intensidad de concentración activará la ley de atracción y empezará a atraer gente y oportunidades a tu vida para ayudarte a alcanzar tu meta. Entre más pienses en lo que te propones, más vendrá a dominar y dirigir tu vida. Entre más la pienses, más rápido te moverás hacia tu meta, y ella hacia ti.

Haz que tu meta sea medible y esté sujeta a un plazo

Tu más alta meta debe ser mesurable. Una regla básica es que "lo que se mide, se hace". Hazla clara, cuantitativa y objetiva, y si es necesario, divídela en pequeñas partes en las que puedas trabajar de una en una.

Tu meta más alta también debe estar sujeta a un plazo. Establece una fecha límite. Escoge una fecha realista pero desafiante para completarla y escríbela. Si es una meta a largo plazo, como dos o tres años, divídela en partes más pequeñas, con metas menores o puntos de referencia cada 30 o 60 días.

Crea una serie de recompensas que te darás al alcanzar cada parte de tu meta así como al culminarla. Para un máximo de motivación y alto desempeño necesitas atar cada meta a una recompensa y cada parte de la meta a una recompensa más pequeña.

La recompensa puede ser una salida a comer o unas vacaciones, un auto nuevo o una casa nueva, algo que beneficie a todos los miembros de tu familia. Muchos emplean el apoyo y la cooperación de sus cónyuges e hijos al acordar recompensas que todos obtendrán cuando la meta sea alcanzada. Las recompensas hacen el proceso más divertido e interesante, y actúan como un motor interno que te impulsa hacia delante cuando el camino se pone difícil.

Haz tus planes

Una vez hayas establecido tus metas mayores y menores, construye tus planes haciendo listas detalladas de todo lo que tendrás que hacer para alcanzar cada meta y después organiza las listas según tiempo y prioridad.

¿Qué harás primero, qué harás en seguida? ¿Qué es más importante? ¿Qué es menos importante? Haz que cada actividad sea mesurable y ponle una fecha límite. Escoge lo primero que se te venga a la cabeza y empieza. Al establecer metas, hacer planes y empezar a ejecutarlos, te unirás al 3% de adultos en la cima del mundo hoy y tu éxito estará literalmente garantizado.

Un último punto con respecto a las metas es este: mantenlas confidenciales. Tu confianza y fortaleza personal se construyen al mantener tus metas dentro de ti y canalizando tus esfuerzos de manera resuelta cada hora y cada día hacia su realización.

Mucha gente comete el error de hablar demasiado sobre sus metas y esto hace que sus energías se disipen y que la motivación para cumplirlas decaiga. Se debilita su resolución. Pierden la fuerza y el poder que hubieran tenido si las hubieran mantenido en privado y en vez de eso se hubieran concentrado en actividades con propósito.

Una simple técnica

Ahora déjame darte una simple técnica que ha transformado mi vida y la de casi todas las personas que la han usado alguna vez. Es solo esto: consigue un cuaderno anillado, de los que se usan en el colegio para tomar notas. Empieza cada día sentándote con este cuaderno y escribiendo tus principales metas en presente, como si ya fueran una realidad.

Usa palabras precisas y definitivas como "gano", "alcanzo" o "soy". Si quieres, puedes escribir otras cosas en este cuaderno, pero la acción más importante es que tomes cinco minutos cada día para escribir y reescribir tus principales metas sin referirte a lo que escribiste ayer.

Escribir a mano tus metas es considerada coma una "actividad psicomotora". Cada vez que escribes tus metas, las vas conduciendo más profundo dentro de tu subconsciente. Aumentas la intensidad de tu deseo y la profundidad de tu creencia. Activas las leyes mentales de la concentración, la atracción y la correspondencia. Concentras tus poderes mentales y aumentas tu confianza en que la meta es alcanzable.

Al reescribir tus metas cada día, se vuelven más claras y fuertes, y además adquieren un poder propio. Este ejercicio imprime tus metas de manera tan profunda en tu subconsciente que con el tiempo se van a "sellar" y empezarás a moverte de manera irresistible e imparable hacia su realización. Cuando esto suceda, tu futuro estará garantizado.

Mientras desarrolles esta habilidad de establecer y alcanzar lo que quieres en la vida, irás adquiriendo el tipo de confianza que viene del "saber" positivo y no del pensar positivo. Te volverás imparable.

Ejercicios de acción

1. Decide hoy qué es lo que quieres exactamente de la vida. Establece tus metas como si no tuvieras limitaciones, y lo que sea que hayas escrito, procura alcanzarlo.

2. Haz una lista de 10 metas que te gustaría alcanzar en los siguientes 12 meses aproximadamente.

3. Escribe tus metas en tiempo presente, positivo y personal. Por ejemplo, escribe: "Gano $XXX, XXX en este momento". Eso es personal, positivo y en tiempo presente.

4. Establece fechas límite para tus metas y pon distintos plazos cortos, si es necesario.

5. Haz una lista de todo lo que tendrás que hacer para alcanzar tu meta y organiza la lista por secuencia y prioridad. Esto ahora se convierte en tu plan.

6. Revisa tu lista y pregunta: "Si pudieran garantizarme que puedo alcanzar una meta cualquiera de mi lista en 24 horas, ¿cuál tendría el mayor impacto positivo en mi vida?".

7. Toma la meta #1, tu mayor propósito definido y escríbela en la parte superior de una nueva página en tiempo presente, personal y positivo. Haz una lista de todo lo que podrías hacer para alcanzar esta meta, organízalo en un plan y empieza de inmediato a actuar.

8. Haz algo cada día, siete días a la semana por tu meta más alta. Decide persistir en esta meta hasta que triunfes, sin importar cuán difícil se vuelva ni cuánto tiempo te tome cumplirla.

Este proceso de establecer y alcanzar una gran meta aumentará tu confianza en ti mismo al punto de que te volverás imparable por el resto de tu vida.

Capítulo 3

LOGRAR COMPETENCIA Y DOMINIO PERSONAL

*"La calidad de vida de una persona va en proporción
directa con su compromiso con la excelencia,
sin importar el campo que haya escogido para triunfar".*
—Vince Lombardi

Solo podrás estar feliz, satisfecho y en capacidad de disfrutar de altos niveles de confianza en ti mismo cuando sepas que eres absolutamente excelente haciendo algo que es importante para ti y para los demás. ¿Qué es? ¿Qué podría ser? Esas son dos de las grandes preguntas de la vida.

Por fortuna tú, junto con cada uno de nosotros, tenemos la habilidad innata de volvernos excelentes en lo que hacemos y alcanzar el desempeño máximo en la vida y en cualquier campo de acción. Tú tienes la capacidad de funcionar en el rango "excepcional" y alcanzar la maestría de cualquier área que sea importante para ti. El desarrollo de una sólida confianza en ti mismo no requiere menos.

El borde del sobre

En el mundo de los pilotos de prueba y los prototipos de aeronaves, como se describe en el libro y en la película *Elegidos para la gloria*, de Tom Wolfe (Anagrama, 2010), hay referencias constantes a algo llamado el "sobre". Este "sobre" consiste en un límite de vuelo superior y uno inferior. El límite superior marca la altura y velocidad a la que cualquier otra aeronave ha volado hasta el momento de la vuelta de prueba. Ese límite superior del "sobre" es la altura y velocidad máxima considerada posible a nivel teórico para una nueva aeronave antes de que se desintegre en el aire, falle o se autodestruya.

La meta del piloto de prueba es expandir el límite del sobre. Su trabajo es viajar incluso más rápido y alto para descubrir los límites externos de velocidad, altura y resistencia que una aeronave en particular es capaz de alcanzar. El piloto de prueba lleva la aeronave más rápido, más alto y de manera continua hasta que siente que la aeronave ha alcanzado su límite externo. Es ahí cuando y donde disminuye para evitar destruir la aeronave e incluso una colisión fatal.

Esto se llama el "límite externo del sobre" y se convierte entonces en el "límite inferior del sobre" para la siguiente aeronave y la siguiente ronda de prueba.

Cada aeronave, sin importar qué tan bien hecha esté, tiene un límite externo de sus capacidades. Está capacitada solo para volar a una determinada velocidad y altura, pero no más. Muy poco puede hacerse para expandir la habilidad mecánica de algo hecho de metal por las manos del hombre.

Expande tu sobre

La mayor diferencia entre tú y una aeronave es que no hay un "límite externo" de tu sobre personal. Como sostenía Emerson: "El poder que reside en el hombre es nuevo en la naturaleza y nadie aparte de él mismo sabe lo que puede hacer, y ni siquiera él mismo lo sabe hasta que lo intenta". Thomas Edison concluyó: "Si todos hiciéramos las cosas que somos capaces de hacer, nos sorprenderíamos literalmente a nosotros mismos". Maxwell Maltz, autor de *Psicocibernética* dijo: "En este momento tu interior está el poder de hacer cosas que nunca soñaste que fueran posibles. Este poder está disponible para ti tan pronto como cambias tus ideas".

En otras palabras, el límite externo de tu sobre o el límite externo de tu potencial no está sujeto al tiempo ni al espacio, como el de una aeronave. Tus límites solo están determinados por tus pensamientos y por tu confianza en lo que crees que es posible para ti.

Confianza en sí mismo y autoestima

Tu confianza en ti mismo está íntimamente conectada con tu autoestima y con "cuánto te gustas a ti mismo". El Dr. Nathaniel Brandon llama a la autoestima "tu reputación contigo mismo". Es cómo te sientes sobre ti mismo y sobre tus habilidades en relación con cualquier situación lo que en verdad determina cuánto te gustas a ti mismo y si te consideras una persona valiosa y que vale la pena. Entre más te gustas, mejor te va.

El otro lado de la autoestima es lo que los sicólogos llaman un "sentido de autosuficiencia" y esta es el grado de eficiencia y competencia con el que sientes que te desempeñas en una tarea determinada o para alcanzar tus metas.

Esto es conocido como "autoestima contingente" basada en el desempeño. Lo que significa es que, si tu confianza y fe en ti mismo están determinadas por tu autoestima o por lo mucho que te gustas, entonces tu autoestima está determinada por cuán capaz sientes que eres en cualquier conjunto de circunstancias determinado.

Por ejemplo, si surge un problema en el trabajo o en casa, y estás tan familiarizado con él que puedes resolverlo rápido y correctamente, tu autosuficiencia y tu autoestima aumentan. Te sientes más capaz, confiado y dispuesto a enfrentar otros retos y dificultades, más positivo y optimista. Te sientes una excelente persona.

Si, por otro lado, surgiera un problema o una dificultad y fueras incapaz de hacer algo para resolverlo, y te sintieras frustrado o inútil, tu autoestima sufriría y tu confianza en ti mismo disminuiría. Tendrías sentimientos negativos sobre ti mismo y sobre tus habilidades. Incluso podrías sentirte impotente en vez de poderoso.

Es por eso que se dice, cuando se juega al póquer: "Los ganadores ríen y cuentan chistes mientras los perdedores dicen 'cállate y reparte'".

Fortalece tu confianza en ti

La Ley de Causa y Efecto aplica para todo lo que eres y serás. Si el efecto que buscas es un nivel alto y sólido de confianza en ti mismo, entonces es necesario que adoptes los mismos comportamientos practicados por otros que ya los disfrutan, así pronto tú también serás parte del equipo.

Estudios conducidos con miles de hombres y mujeres que han pasado de desempeño ordinario a extraordinario, y que han pasado de sentimientos de ineptitud a sentirse genial consigo mismos, muestran que hay una relación de causa y efecto directa entre la competencia y el dominio por un lado, y la confianza en sí mismo, por el otro.

Mihaly Csikszentmihalyi, de la Universidad de Chicago, escribió un libro excelente titulado *Fluir: Una sicología de la felicidad* (Debolsillo, 2008). La experiencia del desempeño máximo es una forma de "droga natural" que causa que te sientas absolutamente genial sobre ti mismo y te da un maravilloso sentimiento general de bienestar y felicidad. Las causas de este efecto son ahora bien conocidas.

Alcanzar el desempeño máximo

Para alcanzar este maravilloso y saludable sentimiento del óptimo desempeño necesitas metas claras, estándares desafiantes, retroalimentación habitual, concentración total, éxito paso a paso y el sentimiento de que estás expandiendo tus capacidades a un nuevo y más alto nivel.

Cuando creas una situación en la que experimentas todo eso, tienes la sensación de estar trabajando en el límite externo de tu propio sobre personal. Sientes que te estás volviendo cada vez mejor y mejor en algo para lo cual eres ideal, y que mientras sigues trabajando dentro del rango de tus capacidades, te estás estirando a cada momento.

Cuando estás en medio de este tipo de experiencia, a menudo pierdes la noción del tiempo. Ignoras el hambre, la sed o el cansancio. Te sientes calmado, con la conciencia clara y eufórico. Los exámenes muestran que cuando estás en este estado, tu cerebro libera endorfinas, la droga feliz de la naturaleza, lo que hace que te sientas animado y con energía.

A menudo, cuando estás en este estado, el resto del mundo parece bajar la velocidad. Sientes que funcionas con extraordinaria claridad y que eres capaz de realizar grandes cantidades de trabajo en un periodo de tiempo más corto, con gran exactitud y pocos errores. Te das cuenta de que, si pudieras tener esta experiencia de fluidez con regularidad, harías cosas increíbles en tu trabajo y en tu vida.

Entrando en la experiencia de la fluidez

Muchos han vivido esta experiencia de manera aguda en algún momento, en general cuando han estado bajo una enorme cantidad de estrés por tener mucho que hacer en un lapso de tiempo corto. Sin embargo, al mismo tiempo, tenían metas claras y una convicción fuerte de que podrían lograr el reto. En este punto, entraron en "la onda" y sintieron que habían despegado y dejado el suelo.

Tú también has tenido esta experiencia en el pasado, y a menudo. Fue tan extraordinaria que la recordaste durante muchos meses o incluso años. He ahí el punto. Aquellos que alcanzan cosas extraordinarias en la vida son simples hombres y mujeres que han aprendido a entrar en la "onda" y a funcionar con desempeño máximo más a menudo que una persona promedio. Lo que alguien más ha hecho, tú también puedes hacerlo.

En cada estudio de éxito y confianza en sí mismo, en cada situación en la que una persona disfruta de altos niveles de autoestima, respeto de sí mismo y orgullo personal, encontramos que todos tienen un elemento en común y es que cada hombre o mujer exitoso está en el lugar correcto, en el momento correcto, haciendo exactamente el trabajo que solo él o ella está calificado para hacer. Estas personas no solo son las más felices y más eficientes de nuestra sociedad sino que tú nunca estarás verdaderamente feliz ni satisfecho hasta que hayas tomado tu merecido lugar entre ellas.

Encuentra tu verdadero lugar

Una de las más grandes dichas de la existencia humana es encontrar tu "verdadero lugar", el trabajo o la ocupación que es ideal para ti y luego dedicarte de todo corazón a hacerlo, y hacerlo bien. La gente más afortunada en nuestra sociedad es aquella que está tan absorta en su trabajo que no sabe dónde termina el trabajo y empieza el juego. Si pudieran, muchos harían gratis lo que les gusta, y hay quienes lo hacen. Si ganaran $10 millones de dólares en la lotería, eso sería lo que escogerían hacer a conciencia por el resto de su vida o hasta que el dinero se les acabara.

El maestro espiritual Emmet Fox se refirió a esto como el "deseo de tu corazón". Dijo que estás aquí sobre esta tierra para hacer algo especial, algo que tal vez solo tú puedes hacer y que nunca estarás del todo realizado hasta que lo encuentres y te dediques por completo a ello. Lo que vale la pena notar, dijo Fox, es que casi siempre tienes una idea de lo que es. Solo tienes que escucharte a ti mismo y después confiar en la orientación que recibas.

La Abuela Moses

Cuando la Abuela Moses, como llegó a ser llamada, era una joven chica del campo, deseaba pintar, pero su familia y amigos le dijeron que eso era una tontería, y que, como una chica criada en una granja, su papel en la vida era casarse con un chico criado en una granja y tener y educar hijos, también en una granja. Entonces ella dejó el deseo de su corazón de lado e hizo lo que se suponía que tenía que hacer.

Tuvo hijos para cuando dejó de ser una adolescente y más hijos durante sus 20. Cuando tuvo 40 fue abuela y en sus 60 bisabuela. Cuando cumplió 75 su esposo había muerto, sus hijos habían crecido y el médico le dijo que estaba demasiado vieja para seguir trabajando en la granja. Ella sintió que no le quedaba mucho tiempo, así que decidió realizar el "deseo de su corazón" y pintar un poco antes de fallecer.

Entonces se fue a una ciudad cercana y visitó una tienda de artículos de arte. La persona que atendía la tienda le vendió algunas pinturas, lienzos y pinceles, y le mostró cómo usarlos. Volvió a la granja, se sentó y empezó a pintar lo que llegó a ser llamado "paisajes primitivos estadounidenses".

La Abuela Moses terminó su primera pintura cuando tenía 78 años. Cuando cumplió 101 años, una famosa galería en Nueva York hizo una exposición de sus trabajos. En los últimos 10 años de su vida algunos de sus cuadros se vendían por más de $100.000 dólares cada uno.

Aquí está la trampa. Cuando era una joven chica le dijeron que no se dedicara a pintar porque era demasiado costoso y nadie le pagaría por su trabajo. Sin embargo, cuando empezó a pintar ganó más en un año con sus cuadros que lo que ella y su esposo habían ganado en toda una vida de trabajo duro en la granja. No solo tenía un talento natural, también era totalmente original.

Se ha estimado que, de haber empezado sus pinturas al final de la adolescencia, como en verdad ella quería, si sus pinturas hubieran tenido el éxito comercial que todavía hoy tienen, la Abuela Moses podría haberse convertido en una de las mujeres más ricas de los Estados Unidos.

Sigue tu corazón

La historia del se humano está descrita en las historias de vida de hombres y mujeres que siguieron los deseos de su corazón, que hicieron únicamente lo que ellos estaban calificados para hacer y lo hicieron de todo corazón. Sin importar cuál sea tu situación, esta posibilidad está abierta para ti, ahora mismo.

El Coronel Harland Sanders tenía 66 años al vender su primer pollo basado en su receta de *Kentucky Fried Chicken*. Había estado trabajando como cocinero y dueño de su propio pequeño café toda su vida, preparando pollo frito con su receta. Luego, con 66 años de edad empezó a hacer lo que debió haber estado haciendo durante décadas antes: a construir su negocio de franquicias, y se convirtió en uno de los empresarios más conocidos y acaudalados del mundo.

Un joven de 16 años, uno de mis estudiantes, se emocionó tanto con su potencial, que fundó su propio negocio de comida, lo volvió exitoso y lo vendió con beneficios para cuando tenía 18 años. Su logro y la confianza que resultó de ello fueron tan impresionantes que, cuando fue a trabajar para una gran cadena de tiendas de abarrotes, lo ascendieron bastante rápido y antes del final de su decimoctavo año se convirtió en el gerente más joven de esta clase de tiendas en los Estados Unidos, y disfruta por completo cada minuto de su trabajo.

El valor y la confianza son esenciales

Incontables hombres y mujeres me han escrito y han seguido asistiendo a mis seminarios por todo el país y me cuentan que reunir el valor para hacer lo que en verdad querían hacer fue el punto decisivo en su vida. Algunos de ellos aumentaron de manera dramática sus ingresos, 5 y 10 veces más, aunque muchos no lo hicieron. En cada caso estaban trabajando más fuerte que nunca, pero como resultado estaban más felices de lo que jamás se imaginaron. Sus posturas eran fuertes y erguidas, sus ojos brillaban, sus voces eran claras, su lenguaje positivo, y además era obvio que en realidad estaban disfrutando la vida. Tenían una confianza calmada y tranquila en sí mismos que era inconfundible y que los hacía destacarse de entre los demás a su alrededor.

Tu desarrollo de competencia y maestría, y la confianza en ti mismo que viene con ello, se generan a base de autoanálisis y autoconciencia. Sócrates dijo que el principio de toda sabiduría y entendimiento está contenido en la frase: "Hombre, conócete a ti mismo". Al analizarte para determinar qué es lo que sería ideal para ti, hay seis enfoques que puedes usar.

Primero, hazte estas preguntas:

1. ¿Qué talentos, habilidades y capacidades tienes y parecen ser naturales en ti?

2. ¿Qué has podido hacer con facilidad y bien en el pasado que parece ser difícil para otras personas?

3. ¿Hacia qué materias en la escuela, y en qué partes de tu trabajo, has gravitado de manera natural?

4. ¿Qué fue lo que más disfrutaste hacer entre los 7 y los 14 años? (¡Pregúntale a tu madre!) La respuesta a esta pregunta es a menudo una manera de predecir lo que deberías estar haciendo como adulto.

5. ¿Qué partes de tu trabajo te encanta hacer y pareces hacerlas bien?

6. ¿Qué trabajo o actividades te emocionan naturalmente y te dan energía, te llenan de entusiasmo y pierdes la noción del tiempo cuando los estás haciendo?

Cada persona es puesta sobre la Tierra con una combinación única de talentos e inclinaciones que la hacen diferente de cualquier otra. Solo hasta cuando encuentras la situación especial que logre beneficiarse al máximo de tus capacidades únicas lograrás hacer tu mayor contribución y disfrutarás de grandes recompensas, tanto tangibles como intangibles. Encontrar el trabajo adecuado para ti y volverte excelente en él es una de las principales responsabilidades de la vida adulta.

Los cuatro cuadrantes del trabajo

Un excelente ejercicio de autodescubrimiento es que dividas tus actividades laborales en cuatro cuadrantes. (Esto fue sugerido primero por Victor Frankl, el fundador de la logoterapia). Los cuatro cuadrantes están divididos por lo que es difícil aprender *versus* lo que es fácil de aprender, y lo que es difícil de hacer *versus* lo que es fácil de hacer.

Primer cuadrante	Segundo cuadrante
Difícil de aprender; difícil de hacer	Fácil de aprender; difícil de hacer
Tercer cuadrante	**Cuarto cuadrante**
Difícil de aprender; fácil de hacer	Fácil de aprender; fácil de hacer

Primer cuadrante: Allí encuentras esos trabajos y actividades que son difíciles de aprender y difíciles de hacer. Estas son áreas para las que probablemente no tienes una facilidad natural y de las que sacas muy poco placer, como en el caso de alguien que se dedica a las ventas teniendo que hacer un reporte detallado de contabilidad o un análisis financiero, o un programador teniendo que hacer llamadas de ventas o dando un discurso en público. El individuo y la ocupación no encajan entre sí. Son difíciles de aprender y siempre difíciles de hacer.

Segundo cuadrante: Contiene actividades que son fáciles de aprender pero difíciles de hacer. Trabajo físico demandante podría caer en esta categoría, como cavar un pozo con una pala. Es fácil de aprender, pero siempre es difícil de hacer.

Tercer cuadrante: Allí se encuentran esos trabajos y actividades que son difíciles de aprender pero fáciles de hacer. Manejar un auto o escribir a máquina pueden caer en esta categoría. Al principio son difíciles de aprender, pero una vez que los aprendiste, después son fáciles de hacer.

Cuarto cuadrante: En términos de lo que deberías estar haciendo de manera ideal, este es el cuadrante más importante. Son trabajos que son fáciles de hacer y que fue tan fácil aprender a hacerlos que olvidaste cómo lo hiciste. Son siempre los tipos de tareas o el tipo de trabajo en los que te destacas y que son los más sencillos para ti aunque puedan ser difíciles para otros. Este es el tipo de trabajo que deberías estar haciendo en tu vida.

Examina tu historia de trabajo

Echa un vistazo atrás en tu historia laboral y pregúntate: "¿Qué actividades, comportamiento o decisiones han tenido una mayor responsabilidad por mi éxito actual?".

Es probable que te des cuenta de que menos del 5% de las cosas que has dicho o hecho son responsables por la mayor parte del éxito del que has disfrutado. Sabrás que has tenido una habilidad única para resolver un tipo particular de problema o aprovechar un tipo específico de oportunidades. O que tu talento especial era una habilidad interpersonal que te permitía influenciar y persuadir a otras personas en un momento y lugar determinados. También puede que con el análisis te des cuenta de que la tuya es la habilidad de hacerte cargo y aceptar la responsabilidad de alcanzar una meta en particular.

Lo que haya sido responsable por tu éxito hasta ahora es un buen indicador de lo que deberías estar haciendo en el futuro.

Diseña tu vida laboral ideal

Describe con detalle la cantidad de dinero que te gustaría ganar, el tipo de trabajo que quisieras hacer, el tamaño y carácter de la compañía para la que te encantaría trabajar, el tipo de personas con las que te divertiría trabajar o los clientes a los que te gustaría venderles y el nivel de responsabilidad o posición que te propondrías alcanzar. Mientras reflexionas sobre ese trabajo que te haría feliz, es muy factible que descubras que es un campo completamente distinto de aquel en el que estás ahora.

Una mujer que estaba trabajando como empleada de contabilidad en una compañía de ventas de computadores en Nueva Jersey notó lo mucho que estaba ganando el personal de ventas y decidió que ella también quería entrar en el campo de las ventas vía telefónica. Cuando aplicó para el trabajo le dijeron que las dos ocupaciones, ventas y contabilidad, eran totalmente distintas y que una persona vinculada al área de contabilidad tenía muy pocas probabilidades de tener éxito vendiendo. Sin embargo ella siguió pidiendo una oportunidad para tratar de vender y al fin le dieron la opción de remplazar a un vendedor que se fue de vacaciones.

Hoy día la compañía vende más de $17.000.000 dólares por año en software y dispositivos de computadores, en gran parte vía telefónica. Esta mujer es tan eficiente que es responsable de más del 50% de los ingresos totales. Pasó de ganar $2.500 dólares al mes a casi medio millón de dólares al año. Lo mejor de todo es que nunca había estado tan feliz en toda su vida.

Maximiza tu retorno de energía

Analiza tu trabajo basándote en la medida de lo que yo llamo "retorno de energía". Los líderes en cada campo aplican sus talentos y energías de manera deliberada donde alcanzan el mejor retorno sobre la cantidad de energía –mental, emocional y física– que invirtieron con cualquier esfuerzo. Se rehúsan a asumir tareas o a aceptar trabajos en áreas en las que no puedan desempeñarse a niveles excepcionales. Se tratan a sí mismos como recursos valiosos y emplean sus energías con mucho cuidado.

Una de las preguntas que a lo mejor te haces todo el tiempo es: "¿Es este el mejor uso posible de mi tiempo y energía?".

¿Lo que estás haciendo ahora mismo es lo más valioso que deberías estar haciendo, teniendo en cuenta tu combinación particular de talentos y habilidades? A menudo contestar esta pregunta te ayudará a ver que hay una gran diferencia entre lo que estás haciendo en el momento y lo que deberías estar haciendo, si quieres estar aprovechando mejor tu potencial.

Haz lo que amas

Marsha Sinetar escribió un libro sumamente vendido hace un par de años cuyo título lo dice todo: *Haz lo que amas, el dinero te seguirá* (Taller del Éxito, 2010). Casi todos los hombres o las mujeres que en verdad son exitosos y felices dirán que la razón de su éxito es que están "haciendo lo que les encanta hacer".

Cuando una persona es infeliz por alguna razón, siempre le pregunto qué tanto disfruta su trabajo y si escogería seguirlo haciendo si hubiera otras opciones disponibles para ella. Siempre que alguien es infeliz con su vida en términos generales, en particular un hombre, está insatisfecho con su trabajo por alguna razón.

Desafortunadamente existe un viejo mito en nuestra sociedad que sugiere que el trabajo es la penalidad que pagas durante el día para poder obtener el disfrute de otras cosas en la noche y durante los fines de semana. Muchos ven el trabajo como un castigo que es inevitable y entonces intentan hacerlo tan bien como necesitan para que no los despidan, pero nunca piensan si en realidad lo disfrutan o no.

Sin embargo, esa actitud no es para ti. Tu vida es demasiado preciada y valiosa para pasarla haciendo algo que no disfrutas. Cada minuto de ella deberías emplearlo en hacer todo lo que te encante, te importe y te haga feliz.

Lo maravilloso es que las personas mejor pagadas en los Estados Unidos y a nivel mundial a menudo están trabajando en algo que disfrutan tanto que detestan ir a casa en las noches, mientras que las que reciben los salarios más bajos se encuentran siempre haciendo lo que no les gusta y en lo que solo están yendo con la corriente.

Dos preguntas para evaluar la idoneidad del trabajo

He aquí dos simples pruebas para determinar si estás en el trabajo indicado para ti.

1. ¿Seguirías haciendo ese trabajo si te ganaras un millón de dólares en la lotería de mañana? Si lo primero que harías sería renunciar a tu trabajo al tener el dinero suficiente, entonces esto solo significa que estás en una posición equivocada para ti.

2. Usa lo que yo llamo la "prueba del reloj". La gente que está en el trabajo equivocado mira el reloj todo el tiempo. Están muy conscientes de la hora a la que empiezan y de la hora en

que salen. La gente que está en el trabajo indicado apenas sí está pendiente del reloj, excepto para saber cuánto tiempo le queda para hacer ese trabajo que tanto disfruta. Sin importar cómo lo midas, escoger el trabajo correcto para ti es esencial para disfrutar de sentimientos intensos de autoestima y confianza en ti mismo, no solo en tu trabajo sino en cada área de tu vida.

Comprométete con la excelencia

Una vez hayas escogido tu trabajo u ocupación ideal para esta etapa de tu carrera, tu mayor responsabilidad será tomar la decisión de volverte muy bueno y después excelente en lo que hagas.

En un extenso estudio sobre estadounidenses exitosos, la Organización Gallup descubrió que la "experticia", o ser reconocido por tus pares como uno de los mejores en tu campo, es uno de los ingredientes esenciales para el éxito dentro de la cultura estadounidense.

Antes dijimos que esa confianza en ti mismo viene del saber positivo más que del pensar positivo. Y solo cuando sabes que eres espectacular en el campo laboral que elegiste te sientes realmente bien sobre ti mismo y disfrutas de altos niveles de autoconfianza.

Los hombres y mujeres que son buenos en lo que hacen, y que lo saben, son muy diferentes de aquellos que son apenas promedio. Caminan, hablan, se visten y se comportan distinto. Tienen una actitud de seguridad y certeza sobre sí mismos que hace que se destaquen en cualquier grupo. Tienen un profundo sentido de valor propio y confianza en sí mismos que es evidente para cualquiera que esté a su alrededor.

La excelencia se puede aprender

Un hombre de unos 25 años se me acercó hace poco durante un seminario en Pittsburg. Me dijo que había empezado en el área de ventas hacía algo más de cuatro años. Cuando empezó no tenía experiencia laboral ni sabía sobre cómo vender ni sobre su producto ni cómo beneficiar a sus futuros clientes.

También me contó que su entrenamiento de ventas básico se lo había dado su gerente basado en mi programa de audio *Sicología de ventas*. Mientras escuchaba el programa, el cual le enseñó paso a paso cómo vender de manera profesional, él se empezó a emocionar sobre el tema del aprendizaje y desarrollo personal. Escuchó los audios una y otra vez y luego compró más programas de audio y empezó a leer de manera voraz sobre el campo de las ventas.

Me dijo que en su primer año, en un mercado muy competitivo, ganó $22.000 dólares. Sin embargo, mientras leía, escuchaba programas de audio y asistía a seminarios, se fue volviendo cada vez mejor. En su segundo año ganó $48.000 dólares. Se comprometió por completo con el aprendizaje constante y para su tercer año ganó $94.000 dólares. En su cuarto año ganó poco más de $175.000 dólares vendiendo los mismos productos, en ese mismo mercado competitivo, con los mismos clientes, los mismos precios y bajo las mismas condiciones económicas. Había llegado al seminario en su nuevo Mercedes.

No todo el mundo puede tener la experiencia de resultados financieros tan extraordinarios, pero lo más importante sobre este joven vendedor es que rebozaba por cada poro confianza en sí mismo y orgullo personal. Tenía una autoimagen positiva y su autoestima era muy saludable. Era admirado y respetado por la gente a su alrededor. Era considerado como un modelo a seguir por otros que querían llegar a ser como él, si tan solo trabajaran en sí mismos y en sus empleos lo suficiente.

La Ley de la Acumulación

Esto nos trae a un principio mental muy importante llamado la "Ley de la Acumulación". La aplicación de esta ley es una razón fundamental para el éxito en cada campo, incluyendo el tuyo. Esta ley dice que cada gran vida o gran carrera es una acumulación de cientos y quizá miles de esfuerzos que nadie ve ni aprecia. El gran éxito es el resultado de incontables horas, tal vez incluso meses y años, de preparación y trabajo duro hacia la meta de convertirte en muy bueno en tu campo.

La Ley de la Acumulación dicta que la vida es como una hoja de cálculo, tanto con créditos como con débitos. Cada vez que haces algo positivo para resaltar tus habilidades y mejorar tu vida, obtienes crédito en el lado de créditos de tu libro de contabilidad. Cada vez que pierdes tu tiempo o fallas en aprovechar una oportunidad para aprender y crecer, debitas de tu contabilidad.

Aquí está la clave: todo cuenta. Todo lo que haces o dejas de hacer está escrito y se suma en tu hoja de cálculo. Todo lo que haces o dejas de hacer, cuenta de alguna manera. Nada es neutro. Todo está acercándote a una vida mejor o alejándote de ella. Todo cuenta.

Una persona exitosa, feliz y con confianza en sí misma es alguien que ha acumulado de manera consciente y deliberada un montón de créditos en su hoja de cálculo. Una persona infeliz, negativa o insegura es alguien que tiene un montón de débitos en su hoja de cálculo. Dado que lo único con lo que cuentas son tus acciones, parece que cada una de tus acciones positivas y constructivas suma e incrementa tus niveles de confianza y autoestima.

La Ley de la Mejora Gradual

El corolario más importante de esta ley anterior tal vez sea la que se llama la Ley de la Mejora Gradual. Esta es la ley que en verdad explica cómo pasas de dondequiera que estés a la cima de tu campo. Esta es la ley que explica todos los grandes logros en los Estados Unidos o en cualquier otro lugar del mundo y plantea que una persona se vuelve buena en el campo de su elección al mejorar de manera gradual y continua durante un largo periodo de tiempo.

Mi amigo Darren Hardy escribió un libro llamado *El efecto compuesto* (*Success*, 2011) en el cual explica cómo es que todo lo positivo que haces en tu vida se combina y multiplica creciendo con fuerza y poder durante meses y años. Como dijo Einstein: "El interés compuesto es la fuerza más poderosa del universo".

Reconocimiento de patrones

En un estudio sobre la maestría, publicado en la revista *Psychology Today*, los investigadores concluyeron que la maestría consiste en la habilidad de reconocer una gran variedad de patrones en una situación dada basándose en lo que ellos llaman un "alto nivel de complejidad integrativa".

La complejidad integrativa es definida como la habilidad de reconocer patrones en una situación y predecir de manera precisa lo que es probable que pase y la mejor acción a tomar basándose en experiencias previas con situaciones similares.

Por ejemplo, una persona que vende alcanzaría un alto nivel de confianza y capacidad en una situación de ventas al haber estudiado su profesión y al haber estado en incontables situaciones de venta anteriores. Él o ella habrían desarrollado la habilidad de integrar conocimiento y experiencia, y de reconocer un patrón particular en una situación de venta basándose en situaciones de venta pasadas que eran similares a esa.

Un excelente profesional de los negocios es alguien que ha desarrollado la misma capacidad de reconocer un patrón cuando sucede de nuevo, trayendo experiencias previas y por lo tanto respondiendo de manera eficaz al hacer y decir lo correcto para completar la transacción de negocios de manera exitosa o tomando la decisión de inversión correcta.

Los grandes maestros

Los investigadores descubrieron que un gran maestro en ajedrez, por ejemplo, tiene la agilidad de reconocer tanto como 100.000 patrones diferentes o configuraciones en un tablero de ajedrez y ha desarrollado una estrategia para lidiar con cada uno. Un campeón nacional de ajedrez es capaz de reconocer tal vez unos 50.000 patrones. Un jugador de torneos de ajedrez podría reconocer unos 10.000 patrones en un tablero, y así sucesivamente.

Su conclusión fue que toma varios miles de horas de investigación y práctica alcanzar y desempeñarse con niveles excepcionales en cualquier campo completo o en cualquier ocupación o profesión difícil. Aunque hay prodigios, la gente que lo logra en un corto periodo de tiempo es muy escasa.

Malcolm Gladwell, en su libro *bestseller, Fuera de serie* (Taurus, 2009), cita la extensa investigación que muestra que se necesita de varios años, en promedio, para que una persona se vuelva excelente en el campo de su elección. De acuerdo con Gladwell, la maestría en cualquier campo requiere de 10.000 horas o siete años de trabajo duro, o de ambos.

La mayoría de las personas solo se vuelve acaudalada después de los 40 o 50 años, si es que lo logra. Les toma muchos años de trabajo duro, aprendizaje continuo y experiencia desarrollar un repertorio lo suficientemente extenso de patrones para poder reconocer y aprovechar las oportunidades que aparecen frente a ellos. Hasta ese momento cometen muchos errores: "dos pasos hacia adelante y uno hacia atrás".

La base de la confianza en sí mismo

La Ley de Mejora Gradual es tu clave para un futuro ilimitado de éxito, prosperidad y confianza. No importa desde dónde estás empezando, todo lo que importa es hacia dónde vas. Theodore Roosevelt concluyó: "Haz lo que puedas con lo que tengas en donde estés".

Al aplicar la Ley de la Mejora Gradual en ti mismo y en tu trabajo empezarás a acercarte a ser grandioso en tu área. Si estás haciendo lo que amas, y lo estás haciendo con todo tu corazón, al comprometerte para mejorar personal y profesionalmente, empezarás a avanzar con un ritmo tan veloz que quedarás aturdido.

Ya has oído de la Regla 80/20 que dice que el 80% de los ingresos van para el 20% de la gente. Tu meta, si todavía no estás ahí, debe ser unirte al 20% de tus colegas exitosos. Si estás entre ese 20%, tu trabajo es subir al 10% y luego al 5%, al 4%, y así sucesivamente.

Tu meta debe ser "ser el mejor". Tu meta es ser reconocido por aquellos que están a tu alrededor como alguien sobresaliente en tu campo. Tu meta debe ser pagar cualquier precio, superar cualquier obstáculo y hacer cualquier esfuerzo necesario para volverte excelente en la carrera que escojas. En tan solo un momento, te mostraré cómo.

Moviéndote hacia la cima

Hay un pequeño problema con el que debes lidiar antes de convertirte en el mejor de tu campo. Hace algunas páginas dije que la mayoría de nosotros crece con sentimientos de inferioridad e ineptitud. Por causa de una autoestima baja y de subestimarnos a nosotros mismos, muchos ni siquiera pensamos alguna vez en volvernos excelentes en nuestro trabajo. Nunca se nos ocurre siquiera que tenemos la habilidad de aprender cualquier cosa que necesitemos para ser capaces de hacer un trabajo sobresaliente en el campo que nos propongamos.

El hecho es que, en términos generales, tienes la capacidad de destacarte en cualquier aspecto que sea en verdad importante para ti. Si alguien ha alcanzado un alto nivel de competencia en tu campo, tú también puedes. Todo lo que tienes que hacer es hacer las mismas cosas una y otra vez hasta que tarde o temprano obtengas los mismos resultados que los de los expertos. Esta es la Ley de Causa y Efecto en acción. Cuando practicas esta ley en conjunto con la Ley de la Mejora Gradual, irás desde donde estás hasta donde quieras.

Identifica tus habilidades clave

Así como escoger la carrera o el trabajo correctos para ti requiere de autoanálisis y conciencia de ti mismo, subir hacia la cima en tu campo demanda que tomes tu posición actual y la dividas en lo que llamamos las áreas claves de resultados (ACR) o competencias esenciales.

De hecho, en cada trabajo y en cada compañía hay unas cuantas habilidades clave, rara vez más de cinco o siete, que determinan el éxito o fracaso de una persona en su trabajo.

Cuando un individuo tiene problemas en su carrera suele ser porque tiene debilidades en una o varias de sus ACR o competencias esenciales. Dondequiera que una persona es exitosa, resulta que es fuerte en todas las habilidades necesarias para tener éxito en ese trabajo.

He aquí un descubrimiento clave: tu competencia importante más débil determina la altura de tu éxito en tu trabajo.

Podrías ser excelente en seis de siete de tus áreas clave pero tu debilidad en la séptima área puede retrasarte durante años.

Analiza tus niveles de habilidad

Tu primera tarea es dividir tu trabajo en sus partes y luego analizar con honestidad tu nivel de competencia en cada una asignándote una nota en una escala de 1 a 10.

Por ejemplo, si estás en ventas, tus ACR o "competencias esenciales" pueden ser tu habilidad para buscar prospectos, establecer relaciones, identificar problemas, presentar soluciones, responder a objeciones, cerrar la venta y obtener reventas y referencias de clientes satisfechos. Una debilidad en cualquiera de estas áreas sería fatal para tu éxito y para tus ingresos.

Si estás en los negocios, tus ACR podrían ser liderazgo y gerencia, planeación estratégica, mercadeo y ventas, manejo de personal, saber delegar, diseñar controles financieros, administrar y hacer control de calidad. Cada trabajo puede ser distinto pero el mismo concepto aplica. El éxito empieza al analizar las partes individuales de tu desempeño para después hacer un plan que incremente tu desempeño en cada área.

Práctica deliberada

Uno de los descubrimientos más importantes en desarrollo personal y éxito laboral está descrito en el libro de indiscutible éxito de Geoffrey Colvin titulado *El talento está sobrevalorado* (Ediciones Gestión, 2009). Colvin muestra que la mayoría de las personas empieza su carrera con habilidades de comercialización limitadas y después las van desarrollando.

Resulta que, quienes llegaron a la cima temprano en sus carreras, desarrollaron el hábito de identificar la habilidad más importante que podían desarrollar en cada etapa de su carrera. Después se dedicaron a dominar cada habilidad, de una en una.

Una vez habían desarrollado una habilidad clave, identificaban la que podía ayudarlos a seguir avanzando. Todo su trayecto laboral consistía en dominar cada habilidad, una por una, hasta que el efecto compuesto entrara en acción y los ayudara a ascender poco a poco en la escalera laboral.

Identifica tu habilidad clave

Un buen ejercicio es preguntarte: "¿Cuál es mi habilidad limitante? ¿Qué es lo que hago o no hago que está determinando la velocidad a la que tengo éxito y avanzo en mi trabajo?".

¿Cuál es el cuello de botella de tu desempeño o tu punto de inflexión en tu trabajo? ¿Qué te limita o te retiene en donde estás y no te deja llegar a donde quieres? A veces tomarse el tiempo de desarrollar una habilidad limitante puede poner toda tu carrera en la vía rápida.

Un gerente en uno de mis seminarios me preguntó en privado por qué siempre se lo saltaban para el ascenso en su firma de ingenieros aunque su jefe reconocía que su trabajo era excelente.

Le pregunté sobre las cualidades y actividades de los ingenieros mejor pagados en la compañía.

Resulta que ellos (junto con los de contabilidad, arquitectos y muchos otros profesionales) eran "atrapaclientes". Tenían la habilidad de hacer presentaciones para los clientes y venderles la idea de traer su trabajo a su firma.

Después me dijo que lo aterraba hablar en público y hacer cualquier tipo de venta. Le dije que, si quería ascender en su firma, debía tomar un curso para hablar en público, superar sus miedos y empezar a traer negocios a la compañía.

Un año después yo estaba dictando otro seminario de gerencia al que él asistió. Había seguido mi consejo y se unió a *Toastmasters*, tomó un curso de Dale Carnegie y se convirtió en un fluido y popular portavoz de su compañía. Había recibido dos ascensos, sus ingresos aumentaron un 40% y era uno de los ejecutivos más cotizados de su firma. Toda su vida y su carrera se transformaron gracias al desarrollo de su habilidad clave.

Todas las habilidades se pueden aprender

Una vez hayas definido tu trabajo ideal, dividido tu meta de alcanzarlo en sus partes constituyentes o habilidades esenciales, y elaborado el plan para volverte muy bueno en cada una, la clave final para tu automotivación y para generar un sentimiento de crecimiento es comprometerte a mejorar de manera constante y sin fin. Toma la decisión ahora mismo de dedicarte a un proceso de toda una vida de crecimiento personal y profesional.

Aquí hay tres reglas simples que van a cambiar tu vida:

1. Invierte 3% de tus ingresos en ti. Gasta 3% de lo que ganas en investigación personal y desarrollo, mejorando tus

habilidades y capacidades, y volviéndote mejor al realizar las tareas más importantes que se requieren de ti en tu campo de acción. Si inviertes ese 3% de tus ingresos en ti, nunca tendrás que preocuparte por dinero de nuevo.

2. Lee una hora o más cada día sobre el campo de tu elección subrayando y tomando notas cuidadosas que puedas revisar con regularidad.

Una técnica simple es leer y subrayar con un bolígrafo rojo y después volver y transcribir todos esos puntos clave a un cuaderno argollado. díctale a alguien los puntos clave y pídele que te los pase por escrito o usa un *software* de dictado que traduzca tu voz y te permita imprimir luego los puntos clave. Después tendrás una sinopsis de las ideas más importantes de cualquier libro. Cuando las revisas, lo que solo te toma 10 minutos más o menos, cinco o seis veces, memorizas casi todos los puntos clave. Este método es utilizado por algunos de los hombres y las mujeres más exitosos de los Estados Unidos.

3. Escucha programas de audio en tu auto. Transforma tu auto en un aula de clase móvil, en una universidad sobre ruedas. Nunca manejes sin escuchar tus programas de audio educativos. Según la Asociación estadounidense de automóviles (AAA por su sigla en inglés) el conductor promedio pasa entre quinientas y mil horas por año en su auto. Si transformas este tiempo de manejo en "tiempo de aprendizaje", puedes convertirte en una de las personas más educadas de tu generación.

Tu activo financiero más valioso

Tu habilidad de ganar dinero aplicando tu conocimiento y habilidades es la fuente de dinero más importante de tu vida. Esto se llama tu "poder de ganancia" y es la suma total de todo tu conocimiento y habilidades aplicados a hacer un trabajo específico.

Tu "capacidad de ganancia" es tu capacidad para obtener resultados por los cuales alguien más te va a pagar. Esta capacidad representa tanto como entre el 80% y el 90% del total de tu valor neto.

Tu capacidad de ganancia es un bien que se valoriza, adquiriendo más valor cada mes y cada año, o es un bien que se deprecia, perdiendo valor cada mes y año por fallar en no actualizar continuamente tus habilidades.

Uno de los gastos más inteligentes en los que puedes invertir es en tu "capacidad de ganancia" para mejorar en lo que te paga más. Esta inversión constante en ti mismo te pondrá a cargo de tu propia vida. Te asegurará más éxito y autoconfianza cada vez mayor y por la Ley del Esfuerzo Indirecto, un compromiso contigo mismo te traerá la autoestima, respeto y orgullo personal que deseas.

Eventualmente alcanzarás la competencia y maestría en tu campo que generarán sentimientos de confianza en ti mismo que te harán irresistible.

No hay límite para lo que puedes alcanzar, si sabes la dirección en la que vas, y si estás dispuesto a hacer los esfuerzos para volverte excelente en lo que haces.

Ejercicios de acción

1. Toma la decisión hoy de volverte excelente en lo que haces. Establécelo como una meta, haz un plan y trabaja en ello cada día.

2. Identifica los trabajos o las partes de tu trabajo que más disfrutas y después busca la manera de hacer más y más trabajos como ese.

3. Identifica los trabajos en tu carrera que te han sido fáciles de aprender y se te facilita hacerlos, y busca la manera de hacer más de ellos, más seguido.

4. Identifica las ACR de tu trabajo y asígnate una nota del 1 al 10 en cada una. Recuerda que tu habilidad clave más débil establece la altura de tu triunfo.

5. Identifica la habilidad que, si siempre fueras excelente en ella, tendría el impacto positivo más alto en tu carrera.

6. Desarrolla un plan de aprendizaje continuo para ti y dedícate a volverte cada vez mejor en lo que haces.

7. Identifica el resultado más importante, o los resultados por los que mejor te pagan, y comprométete a ser cada día mejor en ellos.

Capítulo 4

EL JUEGO INTERNO DE LA CONFIANZA EN SÍ MISMO

"La confianza no viene de la nada. Es el resultado de algo... de horas, días, semanas y años de trabajo y dedicación constante." —Roger Staubach

Aristóteles escribió en su famosa *Ética a Nicómaco* que el objetivo común de la humanidad es ser feliz, como sea que cada persona defina la felicidad. Algo que sabemos es que, entre más confiados y mejores nos sintamos con respecto a nosotros mismos, más felices estamos, y parece que también somos más efectivos en todo lo que hacemos.

Sin embargo, la confianza en sí mismo es en realidad un estado mental que se basa en nuestro sistema de creencias. Creencia o fe, te permiten actuar con osadía frente a lo incierto. La confianza te permite enfrentar oportunidades, dificultades y contratiempos inesperados con calma y claridad, y además te ayuda a responder de manera más efectiva bajo cualquier circunstancia.

La Ley de la Creencia

La Ley de la Creencia, un importante corolario de la Ley de Causa y Efecto, dicta que "tus creencias se convierten en tus realidades". No crees lo que ves, pero ves lo que crees. William James, de Harvard, dijo que "la creencia crea el hecho".

La Biblia dice: "Según lo que creas, esto te ocurrirá". Si crees con la convicción y confianza suficientes, tu mundo exterior tenderá a conformar un patrón consecuente con esas creencias.

De hecho, tu mundo hoy en su mayoría es una representación externa de tus creencias y convicciones más profundas. Te comportas afuera basándote en las creencias que llevas adentro. Ves el mundo a tu alrededor con base en tus creencias sobre la realidad sin importar si estas son correctas.

¿Cómo puedes determinar tus verdaderas creencias? Simple: al observar lo que haces y lo que no, al escuchar tus opiniones, tus conversaciones, y al notar tus decisiones. Cuando en verdad creas ser un ser humano excepcional, lleno de capacidades notables, hablarás, caminarás y actuarás de esa manera y tus convicciones internas se convertirán en tus realidades externas. Como dice la Biblia: "Todo es posible para el que cree".

El poder de la creencia

Hay una historia sobre un hombre, hace muchos años, cuyo negocio estaba en serios problemas. Había perdido ventas importantes, tenía grandes deudas y sus proveedores y acreedores lo estaban acosando. Ya no sabía si continuar luchando o declararse en bancarrota y dejar su negocio caer, así que decidió ir al parque a caminar esa noche para pensar y decidir qué hacer. Estaba parado en el parque sobre un pequeño puente mirando hacia el agua cuando un viejo apareció de entre la oscuridad. Al ver su aire decaído el viejo paró y le propuso que le contara cuál era el problema.

Por alguna razón el negociante le contó todo sobre sus problemas financieros y lo cerca que estaba su negocio de colapsar aunque fuera un buen negocio y tuviera un buen futuro. El viejo escuchó con atención y luego le dijo: "Creo que puedo ayudarlo". Sacó su chequera de su bolsillo, le preguntó al hombre cómo se llamaba y escribió un cheque a su nombre, lo puso en su mano y le dijo: "Tome este dinero. Encontrémonos aquí dentro de un año exacto y me puede pagar entonces". Luego, el viejo se volteó y desapareció en la oscuridad.

El cheque de $500.000 dólares

Cuando este hombre de negocios regresó a su oficina, miró el cheque y descubrió que era por $500.000 dólares. Pensó que era tan solo una broma hasta que leyó la firma. La firma decía "John D. Rockefeller". Había recibido un cheque por medio millón de dólares del hombre más rico del mundo en ese momento, el hombre que había formado *Standard Oil Company* y que era famoso por darles dinero a otros.

Primero pensó que cobraría el cheque y resolvería todos sus problemas financieros. Pero luego decidió que, en vez de eso, pondría el cheque en su caja fuerte sabiendo que podría acceder a él en cualquier momento. Usaría el hecho de saber que tenía esa cantidad de dinero para lidiar con más confianza con sus proveedores y acreedores, y para cambiar por completo su negocio.

Se sumergió de nuevo con renovado entusiasmo en su negocio e hizo tratos, negoció acuerdos, extendió los términos de pago y cerró varias ventas importantes. A los pocos meses su negocio estaba de nuevo en la cima, fuera de la deuda y produciendo dinero.

El hombre del puente

Un año después regresó al puente en el parque con el cheque sin cobrar en su mano. Apenas podía esperar a contarle al viejo lo que había pasado. Exactamente a la hora acordada el viejo emergió de la oscuridad una vez más. Justo cuando el hombre de negocios iba a devolverle el cheque y a contarle su emocionante historia de éxito y logros de los últimos 12 meses, una enfermera salió corriendo de la oscuridad hacia el viejo y le agarró el brazo. Entonces se disculpó con el hombre de negocios diciendo: "Me alegro haberlo alcanzado. Espero que no lo haya estado molestando. Siempre se escapa del hogar de reposo y va por ahí diciéndole a la gente que es John D. Rockefeller". Tomó al viejo del brazo y se alejó con él.

El hombre de negocios se quedó ahí parado, atónito. Durante todo el año había dado vueltas y negociado, comprando y vendiendo, construyendo su negocio con el conocimiento calmado y confiado de que tenía un cheque por $500.000 dólares en su caja fuerte que podía cobrar en cualquier momento.

De repente se dio cuenta de que había vuelto su negocio exitoso basándose en sus creencias aunque la información en la que estaban basadas era falsa. Había sido su confianza en sí mismo en acción la responsable del vuelco en sus negocios.

Convéncete tú primero

Tu trabajo es alcanzar el mismo nivel de confianza y creencia que el que tenía ese hombre de negocios. El mundo te aceptará sin problema según tu propia estimación. Eres tú quien tienes que convencerte primero antes de poder convencer a alguien más. Pero una vez estés seguro por completo de que tienes lo que se necesita para dominar cualquier situación, actuarás de tal manera que tus creencias se convertirán en tu realidad.

Aquí estamos hablando de lo que llamamos buen estado mental o personalidad resistente y resiliente. Un buen estado mental está sujeto a la Ley de Causa y Efecto. Puedes desarrollar el tipo de sólida confianza en ti mismo que deseas tan solo repitiendo ciertos pensamientos y acciones una y otra vez hasta que se te queden bien grabados en tu subconsciente y tomen poder propio. Puedes aumentar tu nivel de bienestar mental así como aumentarías tu nivel de estado físico al trabajar tus "músculos mentales" de manera específica hasta que sean tan fuertes y eficaces como quieres.

El poder de sugestión

Es probable que la influencia más poderosa al determinar tu estado mental y emocional en cualquier momento sea el poder de sugestión el cual empieza a influir en ti incluso antes de que hayas nacido, y que sigue durante la infancia y a lo largo de tu vida haciéndote el tipo de persona que eres hoy.

Los expertos dicen que el 95% de lo que haces, dices, piensas y sientes está determinado por influencias sugestivas sicológicas y del entorno que hay a tu alrededor. Por ejemplo, la persona promedio es tan susceptible a influencias sugestivas que un comentario grosero de alguien puede hacer que ella se quede molesta y enfadada durante horas. Por otra parte, una palabra amable de alabanza o reconocimiento le producirá positivismo y felicidad durante el resto del día. Todos somos muy susceptibles a las influencias sugestivas que nos rodean.

Controla tu entorno sugestivo

Para disfrutar de altos niveles de autoconfianza debes ser capaz de decidir liberarte de cualquier influencia que haga que te sientas negativo o infeliz por cualquier razón. Necesitas tomar control total sobre tus pensamientos y sobre tu entorno sugestivo asegurándote de que, lo que permites en tu mente sea consecuente con lo que quieres y con la persona que anhelas ser. Debes trabajar para mantener a raya todas las demás influencias.

Hay tres formas de sugestión que determinan cómo te sientes sobre ti mismo y cómo piensas. La primera se llama sugestión externa. Estas son todas las actividades que se desarrollan a tu alrededor desde que te levantas en la mañana hasta tu última comunicación, o entrada de comunicación, al momento de dormirte.

Dependiendo de cuán abierto y receptivo seas, puedes ser influenciado de manera desmesurada por la televisión, la radio, los periódicos, la Internet, conversaciones, experiencias laborales, retroalimentación de superiores, interacciones con miembros de tu familia e incluso por problemas de tráfico o cambios de temperatura ambiental.

La mayoría de las personas permite que gran parte de su vida sea determinada por lo que está pasando a su alrededor, muchos se convencen de que están pensando con autonomía cuando en realidad solo están reaccionando a lo que esté pasando en su entorno.

Controla tus emociones

Es por esto que las emociones negativas que te molestan y perturban en general son reacciones inconscientes e irreflexivas que son desencadenadas por eventos externos. Sabemos que esto es cierto porque nadie decidiría, de manera consciente y deliberada, sentirse molesto, enojado o negativo. Cuando las personas tienen el control de sus emociones, escogen sentirse felices.

Por ejemplo, una de las expresiones más comunes de emociones negativas tiene que ver con lo que se conoce como respuestas condicionadas. Estas son respuestas automáticas que generamos cuando alguien presiona uno de nuestros botones rojos. Un botón rojo es una manera habitual de reaccionar negativamente frente a una experiencia o a algo que alguien dice. Cada persona tiene un conjunto de estos botones y cuando conocemos bien a alguien, en especial en una relación sentimental, sabemos qué botones presionar para obtener la reacción que queremos obtener.

Cuando uno de tus botones es oprimido, como cuando te mencionan a alguien o algo sobre lo que tienes sentimientos muy fuertes, respondes con rabia y a la defensiva. Si detestas que te cierren en el tráfico y alguien te cierra sin darse cuenta, tu botón rojo será presionado y hablarás con rabia contigo mismo y con todo el que te escuche en esos momentos.

Piensa antes de reaccionar

Una de las maneras de tomar control de tu mente es identificando con antelación los diversos factores externos que hacen que te molestes o enfades. Haz una lista de todo lo que pasa que te puede causar que tengas la tendencia a responder de manera negativa. Después toma la decisión consciente de que, en el futuro, cuando uno de estos asuntos salga a colación, responderás con calma y actitud positiva sin permitirte enfadarte o enojarte.

Cada vez que pasa algo que normalmente activaría una respuesta negativa de tu parte, decide de manera consciente no responder o no reaccionar de ninguna forma. Sonríe, toma aire profundo y permanece calmado. Entre más practiques esta conducta, más fácil te será reaccionar así. Te volverás más positivo y optimista. Tu confianza en ti mismo mejorará y te sentirás más a cargo de tu vida. Empezarás a liberarte de ser un esclavo de la sugestión externa que controla tu estado mental.

El poder de la autosugestión

La segunda forma de sugestión es llamada "autosugestión" y ocurre cuando pones ambas manos en los controles de tu vida mental o te sientas frente al teclado de tu computador mental y programas de manera consciente tu subconsciente con los pensamientos y sentimientos que deseas. La autosugestión es tu clave para construir el tipo de sistema de creencias en lo profundo de ti mismo que te lleve a disfrutar de una confianza en ti inquebrantable. La razón por la cual la autosugestión funciona es la Ley de la Sustitución.

La Ley de la Sustitución dice que tu conciencia solo puede detenerse en un pensamiento a la vez; positivo o negativo. Si escoges de manera consciente mantener una palabra o imagen positiva en tu mente, bloqueas simultáneamente varias entradas a fuentes externas que puedan causar que tus pensamientos o sentimientos sean negativos o inconsecuentes con tus verdaderos deseos.

Por ejemplo, si, cuando sea que empieces a sentirte tenso o incómodo o molesto por algo, cambias ese pensamiento que te causa tensión e incomodidad, y empiezas a pensar en tus metas, tu mente pasará de lo negativo a lo positivo al instante y te sentirás bien de nuevo. Pensar en una meta que sea positiva y orientada hacia el futuro es inspirador por inherencia. No puedes pensar en tu meta y estar molesto o enfadado al mismo tiempo. Al usar la Ley de la Sustitución tomas todo el control de tu entorno sugestivo y de la información que llega a tu subconsciente.

Haz del autocontrol un juego

Cuando algo negativo o inesperado te suceda, aprovecha el momento de inmediato como una oportunidad para demostrar calma y autocontrol. Vuélvelo un juego. En vez de permitirte sentirte negativo, oblígate de forma deliberada a sustituir la negatividad por algo positivo.

Hay una afirmación que me ha ayudado mucho. La repito una y otra vez hasta que se vuelve automática en casi todas las situaciones. Cuando algo sale mal, de inmediato me encuentro diciendo: "Toda situación tiene algo de positivo, si se ve como una oportunidad de crecimiento y dominio de mí mismo".

Sea lo que sea, tomo aire profundo, me relajo, sonrío y digo: "Toda situación tiene algo de positivo, si se ve como una oportunidad de crecimiento y dominio de mí mismo". Después busco en la situación algo de lo que pueda aprender que me ayude a crecer y a desarrollar un mejor dominio de mí mismo.

Este es un simple "juego mental" que me permite mantenerme relajado y en control de mis emociones. También funcionará para ti. Solo inténtalo.

El poder de la autosugestión

La autosugestión se da cuando le has repetido mensajes a tu subconsciente tan a menudo que estos adquieren un poder propio y funcionan en automático. Hemos descubierto que la gente que siempre está feliz y optimista se ha programado a sí misma para responder de forma feliz y optimista en casi toda situación. Tú puedes hacer lo mismo.

Todo en la vida está atado y determinado por nuestras respuestas. No es lo que te sucede sino cómo reaccionas cuando te sucede lo que en realidad cuenta. No son las cartas que te dan sino cómo las juegas las que determinan qué tan bien te va en el juego de la vida. Tu trabajo es decidir a conciencia usar tu poder de voluntad para mantener tu mente clara, positiva y funcionando de la mejor manera que puedas.

Una revisión rápida

En el Capítulo 1 hablamos de cuán importante es para tu confianza en ti mismo que tengas valores claros y que organices tu vida de forma consecuente con esos valores.

En el Capítulo 2 hablamos de la importancia de tener metas para cada parte de tu vida y de asegurarte de que esas metas y valores sean congruentes.

En el capítulo 3 hablamos de lo importante que es que te comprometas a alcanzar la maestría en el campo de tu elección siendo consecuente con tus metas y valores.

En este capítulo aprenderás una serie de técnicas para estar en forma mentalmente las cuales puedes usar para programar tu subconsciente. Aprenderás a desarrollar la convicción absoluta y la confianza de que alcanzarás cualquier meta que te propongas logrando que esta respuesta de confianza en ti mismo sea una reacción automática a cualquier eventualidad.

Encárgate de tu vida

El punto de partida para hacerte cargo por completo de tu conciencia y de tu subconsciente es aceptar total responsabilidad de todo lo que pienses, digas o hagas. Eres responsable de lo que te pase, y en particular eres responsable por tus respuestas frente a los altibajos inevitables de la vida diaria. Eleanor Roosevelt afirmó: "Nadie puede hacerte sentir inferior sin tu consentimiento".

Solía pensar que establecer metas y hacer planes era el punto de partida del éxito en la vida. Después de un tiempo cambié mi opinión porque me di cuenta de que hay algo más que de hecho viene antes. Lo que viene primero es aceptar toda la responsabilidad por ti mismo y por todo lo que te pasa.

La verdadera madurez empieza cuando al fin te das cuenta de que nadie va a venir al rescate. Solo cuando aceptas toda la responsabilidad por la situación de tu vida, sin excusas y sin echarles la culpa a otros, pasas a una postura mental que te permite darle un verdadero impulso a tu propia vida. Solo cuando asumes 100% de la responsabilidad por ti mismo estás listo para dar el siguiente paso y decidir qué es lo que quieres con exactitud y qué es lo que estás dispuesto a hacer al respecto.

Asumir la responsabilidad no es una opción abierta al individuo. Es un acto obligatorio. Es un hecho absoluto de la existencia humana. No cuentas con el lujo de culpar a otros o inventar excusas por partes de tu vida que no te satisfacen.

Henry Ford II sostuvo siempre: "Nunca te quejes, nunca expliques". Nadie te obliga a hacer nada ni a sentir nada. Estás donde estás y eres lo que eres porque decidiste estar ahí. Todo lo que eres o serás depende por completo de ti. Si hay un efecto en tu vida con el que estás insatisfecho, depende solo de ti cambiarlo. Eres completamente responsable.

Las acciones tienen consecuencias

La gente totalmente madura acepta que sus acciones tienen consecuencias. Un adulto del todo funcional sabe que puede escoger una acción, pero una vez que esté en marcha, vendrán consecuencias predecibles e impredecibles. El verdadero adulto acepta que, por cada causa, habrá un efecto. Por cada acción, habrá una reacción.

Puedes escoger la acción antes de actuar, pero no puedes escoger o controlar las consecuencias o reacciones después. Los adultos inteligentes son muy cuidadosos sobre sus pensamientos y por las acciones que emprenden, no se engañan a sí mismos ni se embarcan en el autoengaño ni fingen que las cosas podrían pasar de otra manera ni confían en la suerte.

La inactividad también tiene consecuencias. Lo que llamamos "crímenes por omisión" a menudo son más serios para tus planes a largo plazo que los errores que cometes a diario. Omitir la reflexión sobre tus valores, no establecer tus metas ni hacer planes ni comprometerte con la excelencia y demás, es un desastre para tus posibilidades de grandes logros.

Problemas *versus* hechos

El punto de partida del éxito es la aceptación de la realidad. "Lo que no puede curarse debe soportarse". A menudo la gente viene a mí con los hechos que están enfrentando y les hago esta simple pregunta: "¿Esto es un problema o es un hecho?".

Si es un problema, se puede llegar a una solución. Hay algo que puedes hacer para cambiarlo. Si no estás satisfecho con la situación, depende de ti ir y hacer lo que puedas para resolverlo.

Sin embargo, un hecho es diferente a un problema. Es algo que existe, como el clima, la lluvia o la nieve. No hay nada que puedas hacer al respecto. Puedes resolver los problemas, pero el Principio de Realidad dice que tienes que aprender a vivir con los hechos.

Algo desafortunado que pasa es un hecho. Una venta que no salió bien, un trato de negocios que colapsó, una relación que no funcionó; todos esos son hechos. Muchas personas pierden una cantidad enorme de energía emocional luchando contra los hechos cuando les iría mucho mejor concentrándose en mejorar para el futuro.

Asumir la responsabilidad es el principio

Tu meta es ser feliz, optimista y tener confianza. La manera de lograrlo es hacer que estas respuestas sean tan automáticas que permanezcas feliz, confiado y optimista sin importar lo que pase.

Puedes alcanzar este resultado tomando medidas específicas, comprobadas y prácticas que han sido utilizadas por millones de personas y que funcionan con una certeza virtualmente infalible. El punto de partida es asumir la responsabilidad completa en cada aspecto de tu vida.

Controla tus pensamientos

Tú demuestras esta actitud de responsabilidad al ejercer tu libertad de escoger los pensamientos que quieres conservar en tu consciencia. Escoge tener pensamientos positivos y constructivos en vez de negativos y destructivos.

Los sicólogos se refieren a esto como el método de control cognitivo que solo significa que tú controlas tus pensamientos, los mantienes positivos y te repites mensajes positivos una y otra vez hasta que se vuelven respuestas automáticas de la vida diaria.

Reflexiones positivas

La primera técnica de bienestar mental es la de las reflexiones positivas o el uso de afirmaciones positivas. La manera en que hablas contigo mismo tiene un impacto exorbitante en tus pensamientos y sentimientos. Varios investigadores, incluyendo al Dr. Martin Seligman de la Universidad de Pennsylvania, han descubierto que los hombres y mujeres que tienen alto rendimiento hablan consigo mismos de manera distinta a los hombres y mujeres con un rendimiento bajo.

Básicamente, tus reflexiones o tu diálogo interno determinan el tono de tu vida emocional. Si estás feliz o triste, eres positivo o negativo, depende de lo que te estás diciendo a ti mismo y de cómo interpretas los eventos para ti mientras vas avanzando.

Por ejemplo, si te cierran en el tráfico y de inmediato te pones iracundo y empiezas a pensar sobre lo estúpido e irresponsable que es ese mal conductor, vas a desencadenar una reacción muy distinta que, si cuando te cierran en el tráfico, excusas al conductor diciéndote a ti mismo que seguro va tarde, distraído o no te vio. Puede ser el mismo evento externo, pero la manera en que lo interpretas y la conversación subsiguiente que tienes contigo mismo determinará si tienes emociones positivas o negativas sobre la situación.

Tu estilo interpretativo

El punto de partida es usar un diálogo interno positivo para interpretar todo lo que te pasa de manera favorable. Conviértete en lo que W. Clement Stone llamó un "paranoide invertido". Imagina que todo el mundo es una conspiración gigante para ayudarte a ser exitoso y feliz. Imagina que todo lo que pasa está pasando para enseñarte algo valioso y acercarte a la realización de tus metas más importantes. Así como un paranoide está convencido de que hay una conspiración en su contra, un paranoide invertido está convencido de que hay un plan a su favor.

Practica la maravillosa cualidad mental de la casualidad. En el cuento de hadas *Los tres príncipes de Serendip*, estos personajes iban viajando y dándose cuenta de que todos los acontecimientos negativos o desastrosos de los cuales ellos eran testigos al final les resultaban ser positivos y beneficiosos. Conviértelo en un juego y busca lo bueno en cada situación.

Practica las expectativas positivas

La Ley de las Expectativas afirma que, sea lo que sea que esperes con confianza, se convierte en tu propia profecía autocumplida. Cuando desarrollas una actitud positiva de tus expectativas, te vuelves más optimista y alegre. Sin importar lo que pase, tú de inmediato lo interpretas de la mejor manera posible.

En el famoso libro de Napoleon Hill, *Piense y hágase rico* (Obelisco, 2012), él escribió que una de las características de los hombres y las mujeres más exitosos en los Estados Unidos es que siempre buscan la oportunidad o el beneficio en cada contratiempo u obstáculo. Por la Ley de la Sustitución, si buscas en cada situación difícil la lección que debes aprender o la posible oportunidad que esta te trae, tu mente se mantendrá positiva y continuarás funcionando al máximo.

Háblate de manera positiva

Cuando pienses en un acontecimiento por venir, háblate con lenguaje positivo. Tal vez la afirmación más poderosa de todas para mejorar tu confianza en ti mismo es repetir, una y otra vez, 50, 100 veces al día, las palabras: "¡Puedo lograrlo! ¡Puedo lograrlo! ¡Puedo lograrlo!"

Estas simples palabras son el antídoto verbal para el miedo al fracaso que, como sabes, es el gran destructor de la confianza en sí mismo y es probable que sea la principal razón de fracaso en la vida adulta. Sin embargo, disminuirás el miedo al fracaso en cualquier situación repitiendo: "¡Puedo lograrlo! ¡Puedo lograrlo! ¡Puedo lograrlo!".

Cuando pienses en un evento que te haga sentir nervioso o inseguro, cuando haya algo que se esté acercando y te llene de agitación, ejerce tus poderes de reflexión y sugestión propia al decir "¡Puedo lograrlo!" para bloquear y superar cualquier emoción negativa asociada con ello.

Control de tus pensamientos y sentimientos

La afirmación más poderosa para reforzar la autoestima son las palabras "¡Me gusto! ¡Me gusto! ¡Me gusto!"

Esas simples palabras, repetidas con la frecuencia suficiente, con energía y entusiasmo, con el tiempo serán aceptadas por tu subconsciente. Cuando tu subconsciente acepta este mensaje de gustarte a ti mismo, tu autoestima sube y tu habilidad para desempeñarte, así como tus niveles de efectividad, mejoran en cada área de tu vida.

Si quieres hacer tu trabajo mejor, tan solo di: "¡Me encanta mi trabajo! ¡Me encanta mi trabajo! ¡Me encanta mi trabajo!"

En su libro *bestseller*, *La actitud mental positiva* (Debolsillo, 2010), W. Clement Stone y Napoleon Hill recomiendan que repitas, varias veces al día, las frases: "¡Me siento feliz! ¡Me siento saludable! ¡Me siento genial!".

Una de mis afirmaciones favoritas cuando estoy preocupado por algo es cancelar mi preocupación diciendo: "Creo en el desenlace perfecto de cada situación de mi vida. Creo en el desenlace perfecto de cada situación de mi vida".

Encontrarás que es casi imposible preocuparte o inquietarte por cualquier cosa mientras te estás repitiendo este tipo de mensaje positivo.

Potencial ilimitado

Tu potencial es ilimitado usando afirmaciones. Recuerda que las afirmaciones son una manera de programar tu subconsciente. Con repetidas afirmaciones introduces en tu mente comandos poderosos y positivos que, con el tiempo, determinarán tus pensamientos, sentimientos y respuestas positivas. Para que las afirmaciones funcionen tienen que ser formuladas usando las tres Pes. Tienen que estar en presente, ser positivas y personales.

Las afirmaciones "¡Puedo hacerlo! ¡Me gusto! ¡Me siento genial!" son todas positivas, están en presente y son personales. El subconsciente tiene una naturaleza bastante literal y solo puede aceptar comandos formulados en tiempo presente. Por alguna razón ignora los comandos negativos y se concentra solo en el mensaje positivo.

Si una persona dice "No voy a fumar otra vez", el subconsciente deja de lado el "voy" y "no" y solo acepta el mensaje "Fumar otra vez. Fumar otra vez". Es mejor decir "Soy un exfumador". El subconsciente se hace una imagen clara de un exfumador y con el tiempo ajustará los hábitos y gustos de esa persona al punto en que deje de fumar por completo.

Puedes crear afirmaciones para cada una de tus metas y luego, al repetirlas de manera continua, programarlas en lo profundo de tu subconsciente hasta que adquieran poder propio. Después tendrás una motivación automática para hacer lo necesario para alcanzarlas.

Afirmaciones escritas

La segunda técnica que puedes usar para mantener tu mente positiva y alcanzar tus metas más rápido es escribir tus metas como afirmaciones en tarjetas de 7x12 cm. Escríbelas en negro con letras grandes y luego relee las tarjetas varias veces al día, recitando la afirmación para ti mismo cada vez.

Este y otros métodos o técnicas que uses para convencerte de que tu meta es alcanzable también te ayudarán a aumentar tu autoestima y tu confianza en ti mismo. Esta actitud o creencia harán que tomes medidas específicas que con el tiempo convertirán tus metas en una realidad.

Practica la visualización

La tercera técnica para crear confianza en ti mismo es el uso de la visualización positiva. Se trata del proceso de crear imágenes mentales claras de la persona que quieres ser, haciendo las cosas que quieres hacer y alcanzando las metas que quieres alcanzar. Como tu subconsciente no sabe distinguir entre una experiencia real y una que imaginas vívidamente, te dará los pensamientos y sentimientos que acompañarían la realización de tus imágenes mentales.

Lo que determina el impacto de la visualización es la cantidad de emoción que combines con la imagen cuando la mantengas en tu consciencia para que tu subconsciente la reciba. Entre más emoción le pongas cuando la visualices, más rápido emergerá la visualización en tu realidad.

Ensayo mental

Una manera efectiva de visualizar es una técnica de desempeño máximo llamada "ensayo mental". En el ensayo mental revisas un acontecimiento futuro en tu mente, detalle a detalle, e imaginas que ese evento ocurre a la perfección y al final terminas siendo completamente exitoso.

Antes de cualquier evento importante recuerda y revive una experiencia previa en la que te hayas desempeñado bien. Toma unos momentos para volver a ver una imagen de la última vez que realizaste esa actividad en particular con éxito.

Si tienes que escribir un examen de cualquier tipo, tómate un momento para cerrar tus ojos, respirar profundo y visualizarte a ti mismo escribiendo el examen con facilidad, conociendo todas las respuestas. Si tienes que hacer una llamada de ventas, tómate uno momento antes de la llamada, cierra los ojos y visualízate en la llamada de ventas, perfectamente relajado, positivo, calmado y bajo control.

Visualiza a tus clientes y futuros clientes respondiéndote de manera positiva y firmando el contrato o el cheque al final de tu visita. Si tienes una entrevista que se acerca, toma un par de minutos para ensayarla en tu mente. Pasa por cada etapa, visualízate desempeñándote al máximo y visualiza a la otra persona respondiendo de manera positiva y productiva.

Mejora tus imágenes mentales

Toda mejora en tu vida empieza con una mejora en tus imágenes mentales. Si quieres usar ropa hermosa, deberías comprar y leer revistas llenas de fotos de modelos usando la ropa que deseas. Visita tiendas de ropa de la mejor calidad y pruébate prendas que eventualmente quieras tener. Inunda tu mente con imágenes y sensaciones de la realidad que deseas experimentar.

Si quieres manejar un mejor auto, ve y haz una vuelta de prueba del auto exacto que deseas. Haz que te den el folleto del auto y pon fotos de él por toda tu casa o apartamento.

Un amigo mío uso exactamente esta técnica para obtener el auto de sus sueños. Cortó una foto del nuevo BMW que quería y la puso en el timón de su auto. Cada vez que miraba hacia abajo imaginaba que ya estaba manejando el auto de sus sueños. Al año ya lo tenía.

Cuando haces una vuelta de prueba en el auto que deseas, llenas tus sentidos con cada detalle del automóvil. Lo tocas, lo hueles y miras el tapizado, el tablero de mandos y el diseño interior. Tu principal tarea es obtener una imagen clara para que tu subconsciente tenga con qué trabajar.

Obtén tu casa soñada

Si quieres vivir en una mejor casa, ve a jornadas de puertas abiertas en el barrio en que quieres vivir. Camina por las casas e imagínate viviendo ahí. Por el momento no te preocupes por si es posible ni por lo altos que estén los precios. Tu principal tarea solo es "obtener la imagen". Compra revistas llenas de fotos de hogares hermosos y léelas de principio a fin. Practica la Ley de la Concentración al permitir que tu mente se concentre en lo que quieres una y otra vez.

En especial, ten el sentimiento. La clave para activar tus poderes mentales a través de la afirmación y la visualización es que también imagines con exactitud cómo te sentirías si ya hubieras alcanzado tu meta. Imagina los sentimientos de orgullo, felicidad y autoestima de los que disfrutarías como resultado de alcanzar tus objetivos. Este componente emocional es la catálisis que hace que las otras técnicas de programación mental trabajen más rápido.

El final de la película

Uno de los mejores métodos para programar tu mente y afirmar tus creencias es llamado el ejercicio del "final de la película". Esta es una herramienta tremenda para afianzar tu confianza antes de cualquier situación a venir. Es muy sencillo.

Imagina que vas a una película y al llegar te enteras de que quedan diez minutos de la película antes de que empiece otra vez. En vez de esperar en la recepción decides entrar a la sala y ver los últimos diez minutos y ves cómo la trama se resuelve, cómo el drama se soluciona y cómo termina la película de manera satisfactoria. Después esperas un par de minutos y cuando la película empieza de nuevo, la ves desde el principio.

Sin embargo, ahora sabes que todo sale bien. Sabes que cada parte de la trama al final se resuelve de manera satisfactoria. En vez de quedar atrapado en el drama, la incertidumbre y la tensión, solo te relajas con tranquilidad sabiendo cómo se termina la película.

Puedes aplicar esta misma técnica a casi todo lo que hagas. Puedes manufacturar tu confianza en ti mismo al imaginar que, sin importar la situación en la que estés, todo sale a la perfección al final. Crea ese sentimiento de "final de la película" en tu interior cuando pienses en un evento por venir o en un problema que te genere inseguridad o tensión. Antes de una reunión, una llamada de ventas o una entrevista, toma un par de minutos para tener ese sentimiento de "final de la película". Después, solo relájate. Sin importar lo que pase entre tanto, no tienes por qué preocuparte en lo absoluto. Ya sabes que la situación se resuelve de buena manera para todos los implicados.

Lo interesante es que, si haces esto en repetidas ocasiones, no solo tendrás niveles de confianza más altos sino que los eventos de tu vida tenderán a salir bien o mejor de lo que podrías haber pedido o esperado.

Libera tu mente

La cuarta técnica para el buen estado mental, así como otra manera de aumentar tu confianza, es alimentar tu mente de manera continua con libros, revistas y programas de audio que contengan mensajes positivos que te animen.

Así como te conviertes en lo que comes, también te conviertes en lo que piensas. Todo lo que pones en tu conciencia, positivo o negativo, está aumentando o disminuyendo tu autoestima o confianza en ti mismo. Para practicar el "control cognitivo" debes ser consciente de las influencias sugestivas a tu alrededor y hacer todos los esfuerzos para asegurarte de que sean positivas y consecuentes con tus metas y deseos.

Rodéate de gente positiva

Una de las influencias sugestivas más poderosas en tu vida, tal vez la única influencia que decide tu éxito o tu fracaso más que cualquier otro factor controlable, es el tipo de personas con las que te asocias con regularidad.

La quinta técnica para mantener tu confianza y optimismo es rodearte de gente positiva y alejarte de la gente negativa. Vuela con las águilas en vez de rasgar el piso con los pavos. Decide hoy sacar a la gente negativa de tu vida.

Dado que estás tan poderosamente influenciado por otras personas –la gente con la que trabajas, socializas y pasas tu tiempo– debes hacer todo para asegurar que estés rodeado del tipo de gente que te gusta, que disfrutas y que te hace sentir bien.

Las investigaciones muestran que asociarse de manera habitual con gente que critica y se queja puede ser de por sí suficiente para sabotear todas tus posibilidades de éxito y felicidad. La gente negativa te jala hacia abajo, te roba tu energía y entusiasmo.

Atrae gente positiva a tu vida

La Ley de la Atracción por fortuna funciona muy rápido cuando se aplica a la gente. Empieza a cambiar tu entorno humano pensando, antes que nada, en el tipo de persona que admiras y que quieres ser. Piensa en los hombres y las mujeres, presentes o del pasado, cuyas cualidades respetas y cuya vida quisieras emular.

Lee historias y biografías de mujeres y hombres exitosos. Lee artículos de revistas y entrevistas con personas que estén cumpliendo su metas. Empieza a asociarte con los ganadores identificándote con ellos mentalmente primero. Cuando pienses en la gente que admiras, experimentarás un cambio sutil en tus patrones de pensamiento. Como resultado, comenzarás a atraer gente positiva a tu alrededor.

Al mismo tiempo activarás la Ley de la Repulsión y la gente negativa empezará a alejarse de ti. Así como la gente positiva y orientada hacia sus metas empezará a interesarse en ti mientras te vas convirtiendo en una persona más positiva, la gente negativa te encontrará poco agradable y poco interesante. En muy poco tiempo tu entorno humano cambiará para mejor.

Todo cuenta

Por cierto, si todos estos ejercicios de programación mental parecen implicar una gran cantidad de trabajo, recuerda que tanto los actos como la inactividad tienen consecuencias. Como la Ley de Sembrar y Cosechar, lo que sea que siembres, o no siembres, va a determinar lo que coseches al final.

La Ley de la Acumulación nos recuerda que todo cuenta. Cada paso positivo que des te está acercando a la construcción de una fantástica vida para ti. Cada palabra, pensamiento o imagen positivos está profundizando tu creencia y aumentando la confianza en tu capacidad de alcanzar cosas maravillosas.

Por último, recuerda la Ley de la Reversibilidad. Si actúas de manera consecuente con un desempeño alto y una gran confianza en ti mismo, esas acciones mismas generarán los sentimientos que estén en consonancia con ello. Cada acción positiva y constructiva que efectúes en dirección de tus sueños y tus metas reforzará tu creencia en ti y en tu capacidad para cumplir tus ideales.

Actúa de manera continua

Mantén tu visión clara frente a ti y actúa continuamente de manera positiva, cada hora y cada día. Desarrolla un sentido de urgencia. Muévete rápido cuando la oportunidad se presente. Mantén una tendencia a la acción.

El ritmo rápido es esencial para el éxito. Entre más rápido te muevas, mejor te vas a sentir. Entre más rápido te muevas, más energías tendrás. Y entre más rápido te muevas, más altas estarán tu autoestima y tu confianza en ti mismo.

El mundo sí suele dividirse en dos categorías: los habladores y los que actúan. El mundo está lleno de habladores que parecen estar convencidos de que, si hablan de algo lo suficiente, es lo mismo que en efecto hacerlo.

Pero tú eres de los que actúan y siempre son los que actúan los que mueven y transforman la Historia de la Humanidad. Son los hombres y las mujeres que piensan, planean y actúan de manera consecuente y persistente quienes hacen que las cosas pasen. Cuando te comprometes con la acción continua, no solo te siente excelente contigo mismo sino que tu capacidad de hacer lo que quieras crecerá toneladas. ¡Con el tiempo te volverás imparable!

Ejercicios de acción

1. Crea una imagen mental clara y emocionante de tu meta más importante, como si ya existiera, con todos los detalles.

2. Cada día, actúa como si ya fueras la persona positiva, confiada y exitosa que vas a ser.

3. Haz el "ensayo mental" antes de cada evento importante. Cierra los ojos, respira profundo, crea una imagen mental de éxito total y ten el sentimiento de calma y confianza que deseas.

4. Decide desde hoy asumir toda la responsabilidad de tu vida, por todo lo que eres hoy y por todo lo que serás en el futuro.

5. Escribe tus principales metas en tarjetas de 7x12 y revísalas dos veces al día hasta que estén programadas en lo profundo de tu subconsciente.

6. Toma la decisión de solo asociarte con gente positiva y de sacar a la gente negativa de tu radio de acción.

7. Alimenta tu mente a diario con un flujo constante de libros, audios, conversaciones positivas, así como con otras influencias sugestivas que sean consecuentes con la mejor versión de ti mismo.

Capítulo 5

INVIERTE EN TUS FORTALEZAS

"He aprendido que el éxito no debe medirse por la posición que alguien haya alcanzado en la vida sino por los obstáculos que ha tenido que superar mientras intentaba tener éxito".
—*Booker T. Washington*

La confianza en sí mismo va de la mano con ganar, con la autoestima, con el éxito y la felicidad en todo lo que hagas. Entre más confíes en ti, más cosas vas a intentar, y por la Ley de los Promedios, es más probable que alcances muchos más logros.

Entre más confíes en ti, menos afectado te verás por contratiempos temporales y por decepciones. Entre más confíes en ti, es más probable que tengas una vida más larga y exitosa, llena de riqueza, recompensas y satisfacción propia. Alcanzar esas metas es todo el objetivo de este libro.

Uno de los puntos de partida de ganar confianza en ti mismo es que reconozcas que tienes fortalezas inmensas de carácter y capacidad que puedes sacar a flote para lograr alcanzar casi cualquier cosa que quieras.

¡Eres extraordinario! Las probabilidades son más de 50 billones en 1 de que alguna vez haya alguien con la combinación única de talentos, habilidades y capacidades que tú traes a tu vida y a tu mundo. Las increíbles cosas que puedes hacer y ser no las sabe nadie, ni siquiera tú. Sin embargo, lo único que sí sabemos es que virtualmente todo lo digno de atención que tú vayas a alcanzar vendrá de tu capacidad de identificar tus áreas de mayor fortaleza y de invertirlas después en cada situación.

Tu área de excelencia

Cada persona cuenta con una o más "áreas de excelencia" que, si se explotaran de la manera correcta, le permitirían ser, tener y hacer casi cualquier cosa que pudiera querer. Cada persona, como resultado de sus años de educación y experiencia, ha desarrollado posibilidades que la hacen diferente a otras personas. Los hombres y las mujeres que alcanzan la cima en cada campo son siempre aquellos que se han tomado el tiempo para identificar sus áreas de mayores fortalezas y luego invierten en ellas en todo momento.

Dijimos antes que la vida es el estudio de la atención. Donde esté tu atención, también estará tu corazón. La gente, las cosas y los acontecimientos que llaman tu atención son indicativos de todo tu maquillaje mental. Las cosas en las que estás interesado son una indicación de lo que deberías estar haciendo en mayores cantidades.

Escoge el campo correcto

En un estudio longitudinal que examinó a 1.500 hombres y mujeres que empezaban con ansias y ambición al principio de sus carreras se descubrió que solo 83 de ellos, durante el curso de 20 años, se volvieron millonarios.

Cuando revisaron y estudiaron las actitudes y decisiones de estas personas, y cómo habían evolucionado durante esos 20 años, fue obvio que todos los millonarios tenían un elemento en común: todos eligieron campos que disfrutaban y después quedaron totalmente absortos en lo que estaban haciendo.

Fueron a trabajar en un área exigente en la que estaban en extremo interesados y que captaba toda su atención, y se dedicaron de todo corazón a volverse muy buenos en ella desarrollando las habilidades necesarias para triunfar en ese campo. Después invirtieron en esas fortalezas al volverse cada vez mejores con el paso del tiempo.

La conclusión del estudio es que el éxito, la salud y la felicidad suelen ocurrir cuando una persona está ocupada por completo haciendo lo que le gusta sin que su enfoque primordial sea hacer fortuna. Las personas acaudaladas en este estudio nunca se habían propuesto hacer mucho dinero. En vez de eso se habían propuesto encontrar las áreas que realmente disfrutaran y después se dedicaron a ellas. El dinero vino como una consecuencia secundaria.

Felicidad y satisfacción

El otro lado de esta ecuación es que nunca serás en verdad feliz ni estarás satisfecho hasta que hayas encontrado una manera de aplicar tus capacidades humanas únicas a tu vida y a tu carrera. En el libro *Working*, de Studs Terkel (Pantheon Books, 1974), él afirma que más del 80% de los estadounidenses no siente que todo su potencial esté siendo utilizado en su trabajo. Puede que estén ocupados y puede que estén relativamente satisfechos, pero, en lo profundo, sienten que podrían hacer mucho más, si estuvieran en la situación correcta y tuvieran la oportunidad correcta. Es probable que de vez en cuando tú también te sientas así.

Esto es llamado el sentimiento de descontento divino. Se trata de un sentimiento de incomodidad e insatisfacción que aparece cuando no estás siendo desafiado por lo que estás haciendo. Para disfrutar de altos niveles de confianza y autoestima debes estar trabajando al límite de tu sobre. Debes estar estirando tus capacidades todo el tiempo. Debes tener la sensación de estar creciendo día a día con los retos que tu trabajo te está presentando.

Sin ese sentimiento de desafío y crecimiento experimentarás un molesto descontento que es una buena señal. El descontento y la insatisfacción casi siempre anteceden a un cambio constructivo que te obliga a avanzar y a seguir creciendo.

Vive de manera consecuente

En el Capítulo 1 hablamos de lo importantes que son los valores para tener confianza en ti mismo. Los hombres y las mujeres con valores claros, que están viviendo de acuerdo con sus aspiraciones más altas, son aquellos que tienen un profundo sentido de confianza y bienestar. También dijimos que el valor más importante que puedes tener es la integridad y que esta es el valor que garantiza todos los demás. Tener integridad significa que no comprometerás tus creencias en ninguna área.

La integridad es absolutamente esencial, si quieres invertir en tus fortalezas. Significa, antes que nada, mirarte con honestidad y tomar tus decisiones con base en el hecho de que eres un ser humano extraordinario. Tus sentimientos son pistas muy valiosas para tus elecciones y tu comportamiento. Tu tranquilidad mental y satisfacción personal son la guía más exacta que jamás tendrás para hacer lo que es correcto para ti.

El valor es esencial

Combinado con la integridad, el valor es la cualidad más importante que puedes tener, si quieres ser feliz y tener confianza en ti mismo. Si la integridad significa ser honesto contigo mismo, entonces el valor significa tener la fortaleza mental para ir hacia donde tu corazón te dicte que vayas. El valor significa tener la habilidad de dejar de lado todas las otras consideraciones para mantenerte fiel a lo mejor que hay en ti.

Winston Churchill dijo: "La valentía es debidamente considerada la más excelsa de la virtudes, pues todas las demás dependen de ella".

En este punto ya sabes que el miedo es el peor enemigo de la confianza y de la realización propias. No es que la gente no sepa qué hacer pues a menudo tiene miedo de hacer lo que el corazón le dice que haga. Sin embargo, cuando reúnes tu valor, acción por acción, superas tus miedos de manera gradual. Con valor, todo tu mundo se abre ante ti. Tu confianza aumenta. Llegas al punto en que no hay límites para lo que vas a intentar y a lo que te vas a comprometer.

Sigue tu corazón

Uno de los pintores impresionistas más geniales fue un hombre llamado Paul Gauguin. Vivía en París, tenía una familia y trabajó en la oficina postal durante muchos años. En las tardes visitaba los cafés que los pintores impresionistas de París frecuentaban, conociéndolos y haciéndoles preguntas. Estaba fascinado por la pintura. La idea completa de pintar absorbía toda su atención. Él sabía que su esencia se trataba de eso, pero con una familia y un trabajo de tiempo completo no había manera de dedicarse a la pintura que con tantas ganas quería hacer.

Un día, con una decisión que dejó a todo el mundo atónito, renunció a su trabajo como inspector postal, dejó a su familia y se fue a vivir a Polinesia, a la isla de Tahití y allí empezó a pintar, con mala calidad al principio, pero mejorando gradualmente hasta desarrollar su habilidad.

Sus cuadros valen ahora cientos de miles, incluso millones de dólares y están colgados en los mejores museos del mundo.

Es considerado por muchos como uno de los pintores más importantes de los últimos trescientos años. De cierta manera, era como la Abuela Moses pues decidió al fin de su vida seguir su corazón y concentrarse en lo que había estado interesado durante todos esos años.

Sé honesto contigo mismo

Para seguir tu corazón no es necesario hacer cambios dramáticos en tu vida o en tus relaciones. Lo que tienes que hacer es verte con honestidad, como eres en verdad y tener el valor de canalizar tus energías y concentrar tus fortalezas en tus áreas de gran potencial. Cuando hagas esto, pronto te darás cuenta de que tomaste una de las mejores decisiones de tu vida.

Cada persona tiene grandes fortalezas y potencial, y cada una fue puesta sobre la tierra para emplear esas fortalezas y aplicarlas en beneficio propio y de la humanidad. Las historias de vida de los grandes hombres y mujeres de la Historia Universal en general son historias de gente que descubrió sus fortalezas y las utilizó al máximo.

Churchill era un gran hombre de Estado y orador. Florence Nightingale era una organizadora indiscutible. Florence Chadwick era una nadadora con una fuerza increíble. Abraham Lincoln tenía visión y era un político y presidente compasivo. La Madre Teresa era un ser humano verdaderamente amoroso con una capacidad infinita de preocuparse y apoyar a la gente enferma y moribunda de Calcuta. Joe Montana era un mariscal de campo con un brazo lanzador fantástico con los *Washington Redskins*.

A tu alrededor ves hombres y mujeres que han atrapado sus talentos principales como quien coge un pase en un partido de fútbol y va corriendo hacia el arco. Tú puedes hacer lo mismo, si tienes el valor de seguir tu corazón.

Compensando las debilidades

Ninguna discusión sobre fortalezas estaría completa sin una discusión sobre las debilidades. La gente fuerte tiene también debilidades fuertes. De hecho, la mayoría de las personas tiene muchas más debilidades que fortalezas. Cualquiera puede ser fuerte en algunas áreas, pero débil en cientos de otras más.

Las debilidades son un hecho inevitable de la vida. Como dijo Peter Drucker: "Todas las innovaciones deben ser simples, si son para trabajar, porque solo hay gente incompetente para llevarlas a cabo". Drucker no estaba siendo antipático. Estaba siendo realista y señalaba que la mayoría de las personas es incompetente o en el mejor de los casos, solo en áreas distintas. El reto con las debilidades humanas es que la gente infeliz y poco exitosa tiende a concentrarse en ellas. Se preocupan por sus debilidades y piensan sobre su falta de talento y habilidad durante demasiado tiempo. Pierden de vista el hecho de que cada persona tiene fortalezas que necesitan desarrollar, y que estas pueden traerles todo los resultados que quieran. En vez de eso, se obsesionan todo el tiempo con las áreas en que son menos competentes en vez de ver las áreas de excelencia en potencia.

Desarrollar fuerza y resiliencia

Todos fuimos criados con sentimientos de inferioridad e ineptitud. Nuestra autoestima y confianza son frágiles. Nuestros sentimientos positivos sobre nosotros mismos son como globos, fáciles de reventar. Tenemos que trabajar en nuestro interior durante mucho tiempo para llegar al punto en que seamos rudos y tengamos resiliencia, en especial en las áreas en las que cometemos errores y dejamos caer la bola.

Cada persona es una combinación de cimas y valles, con áreas de gran fuerza potencial y también con varias áreas de debilidad en las que se desempeña de manera promedio o mediocre. Drucker también escribió: "La meta de los negocios es maximizar las fortalezas y hacer que las debilidades parezcan irrelevantes".

La Ley de la Concentración tiene un tremendo impacto en la persona en la que te transformas. En aquello que piensas todo el tiempo, en eso se vuelve tu vida. La gente fuerte y competente es la que piensa en sus fortalezas y capacidades. La gente débil es la que se obsesiona con sus debilidades y limitaciones.

Siempre es posible escoger entre ver tu vaso medio lleno o medio vacío. Sin embargo, para desarrollar y mantener altos niveles de confianza en ti mismo y disfrutar del éxito y la felicidad que vienen con ello, debes tomar la decisión consciente de pensar en tus fortalezas la mayoría del tiempo.

Tú eres una fuente de recursos

Una de las características más obvias de los líderes en la vida pública es que se ven a sí mismos como una fuente de recursos que puede ser utilizada de muchas maneras distintas, así como una herramienta puede ser utilizada para obtener resultados distintos.

Los líderes son insistentes sobre dedicarse a las áreas en las que puedan desempeñarse bien y hacer una diferencia significativa. Se concentran solo en las áreas en las que pueden triunfar por sus talentos especiales.

Una de las mejores preguntas que debes hacerte una y otra vez es: "¿Qué puedo hacer yo, y solo yo, que, si lo hago bien, hará una diferencia extraordinaria en mi situación?".

La Ley de la Concentración también dice que todo gran éxito en la vida viene de una concentración decidida en hacer una cosa —o unas cuantas— extremadamente bien. El éxito viene de mantenerte en una tarea en particular, la tarea más valiosa e importante que podrías estar haciendo hasta que la logres.

Cada gran logro humano es precedido por un largo periodo de tiempo de esfuerzo dedicado y concentrado. Sin embargo, poco se puede ganar al cavar con determinación, si estás cavando en el lugar equivocado. Como el consultor de gerencia Benjamin Tregoe expuso: "El peor uso de tu tiempo es hacer bien lo que no hay necesidad de hacer".

Evalúa tus fortalezas y debilidades

Esto nos trae a la importancia de la autoevaluación con respecto a tus fortalezas. Cuando en nuestra empresa hacemos planeación estratégica para corporaciones, lidiamos todo el tiempo con algo llamado concentración de poder. ¿En qué se concentra y en qué podría concentrarse la compañía que atendemos para aprovechar sus recursos y alcanzar resultados extraordinarios en un mercado competitivo?

Partimos de la perspectiva de que una compañía tiene un cierto grado de flexibilidad al determinar lo que ofrece para justificar su existencia en el mercado. Decimos que el propósito de un negocio es crear y mantener una clientela. El cliente o la persona para la cual nuestra compañía está organizada para servirle es de cierta manera central en cada cálculo y cada decisión. Ponemos al cliente imaginariamente en medio de la mesa y diseñamos un plan estratégico con él en mente.

Aumenta tu inversión de energía

El asunto crítico en planeación estratégica corporativa es aumentar el retorno de capital invertido en la corporación. Se trata de repartir y desplegar bienes de tal manera que las recompensas que la compañía gane sean mayores de lo que serían si no se hiciera el ejercicio de planeación. Empezamos estableciendo valores claros, una visión diáfana de lo que la compañía quiere ser en el futuro y una misión de valores que describe el objetivo estratégico y la posición de la compañía.

Cada individuo debe hacer lo mismo por sí mismo. El propósito de tu planeación estratégica personal es permitirte aumentar tu inversión de energía. Dado que tu tiempo es tu vida y tus energías mentales, emocionales y físicas son tus recursos más valiosos, tu trabajo es organizar tus esfuerzos de tal manera que te den las máximas recompensas y satisfacción por tu energía invertida.

Diferénciate

Cada compañía y cada producto o servicio tienen, o por lo menos deben desarrollar una propuesta de venta única. Esta es la clave para diferenciar a la compañía y a sus productos y servicios de los de la competencia. A menudo esto se conoce como una ventaja competitiva. A veces lo llamamos un "área de superioridad".

En cada caso es esencial determinar cómo, dónde, por qué y hasta qué punto una compañía o un producto en particular difieren de otra compañía o producto que están compitiendo con ellos por el derecho de crear y mantener clientes en ese nicho del mercado. Y esto que aplica a negocios competitivos, aplica a ti también.

Tú eres el presidente de Tú Ltda.

Tú eres el presidente de tu propia vida. Eres el presidente de tu propia corporación de servicios personales. Tienes negocios contigo mismo. Eres tu propio empleador. El error de mucha gente es percibir este hecho y comportarse como si esa fuera una verdadera razón para tener baja autoestima, un desempeño pobre, ser infeliz y fallar en la vida laboral.

Como el presidente de tu propia compañía, vendiendo tus servicios en el mercado al mayor postor, tú eres completamente responsable por identificar tu propia propuesta de ventas única.

¿Qué puedes hacer mejor que cualquiera? ¿Por qué eres especial o diferente? ¿Cuál es tu área de ventaja competitiva? Si tuvieras que escribir en 25 palabras o menos por qué alguien debería contratarte, ascenderte y pagarte por hacer un trabajo en particular, en vez de contratar, ascender y pagarle a alguien más, ¿qué señalarías como tu área de superioridad?

Únete al 3% más alto

A mucha gente le cuesta hacerse esta pregunta. Sin embargo, en este punto lo que en realidad importa es que seas tú quien te la estés haciendo. El hecho mismo de estar pensando de esta manera te está moviendo con velocidad hacia el 3% más alto de los estadounidenses que trabajan. Solo el 3% se ve a sí mismo como su propio empleador y responsable de sí, y es la gente más respetada e importante de cualquier organización.

Tus primeras pregunta son: "¿En qué soy realmente bueno en la actualidad? ¿Cuál es mi área personal de ventaja competitiva o superioridad en mi actual trabajo?".

Todos somos responsables de preguntarnos y contestarnos estas tres preguntas, hoy y a lo largo de nuestras carreras. Nadie más puede hacerlo ni lo hará por nosotros.

La cantidad de conocimiento en cada área se multiplica por dos cada dos o tres años. Tus habilidades se están volviendo obsoletas a un ritmo más veloz que nunca antes y se necesitan nuevas habilidades para sobrevivir, sin mencionar para triunfar, en mercados de alta competitividad.

Si tu conocimiento y tus habilidades no se están doblando cada dos o tres años en tu campo, pronto estarás fuera del negocio y alguien más tendrá tu trabajo. Lo que te haya traído hasta donde estás hoy no es suficiente para llevarte más lejos, como lo sugiere el título del *best seller* de Marshall Goldsmith *Lo que hiciste para llegar hasta aquí no te va a llevas hacia allá*. Este es un hecho inevitable de la vida laboral.

Diseña tu futuro

Tu siguiente pregunta es: "¿Cuál es mi área de ventaja competitiva? De todas las áreas en las cuales podría desarrollar un área de superioridad y volverme muy bueno, tomando mis valores y metas en consideración, ¿cuál sería mi área más fuerte?".

La pregunta final, tal vez la más importante en este tema es: "¿Cuál debería ser mi área de ventaja competitiva?".

Si pudieras ser excelente en cualquier habilidad en algún momento del futuro, ¿qué habilidad te ayudaría más a moverte hacia la cima de tu área? Imagina que no tienes limitaciones sobre lo que puedes aprender y dominar. Para acelerar tu carrera, ¿en qué deberías ser muy bueno en algún momento en el futuro?

Descubre qué es lo que estás destinado a hacer

Un amigo mío fundó una compañía y la vendió hace un par de años. Tenía dinero en el banco y decidió cambiar de carrera. Tenía mucho tiempo para pensarlo y tomar la decisión correcta. Visitó a un sicólogo industrial y tomó toda una serie de exámenes y se sometió a distintas entrevistas para descubrir para qué era en verdad ideal en una nueva carrera.

Al final de su proceso el sicólogo industrial lo sentó y le dijo que sus mayores fortalezas eran la consultoría y presentar seminarios de desarrollo personal para gerentes y personal de ventas.

Mi amigo se molestó un poco. Dijo: "Pero ¡tú sabes que tengo miedo a hablar frente a un grupo! Sabes que me pongo nervioso y tenso con solo pensarlo".

Su amigo le respondió: "Sí, yo sé que eso es cierto, pero no me pediste que te dijera qué sería conveniente y fácil para ti. Me pediste que te dijera qué sería lo correcto para ti. El área en que tienes la mayor cantidad de fuerza potencial en este momento es en la consultoría y el entrenamiento de gerentes y personal de ventas".

Prepárate para desarrollar nuevas habilidades

Mi amigo se dio cuenta de que lo que él le estaban diciendo era cierto. Luego fue y tomó unos cursos en los que aprendió a superar su miedo a hablar en público. Aprendió cómo hacer presentaciones para una audiencia de profesionales. No le tomó mucho y seis meses después abrió su propio negocio de consultoría y entrenamiento. Ahora le está yendo muy bien y nunca se había sentido más feliz en la vida.

A menudo pasa que tus fortalezas son como músculos sin desarrollar y que requieren de un largo período de ejercicio para llegar al punto en que puedas empezar a ganar competencias. Michael Jordan dijo: "Todo el mundo tiene talento, pero para que se traduzca en habilidad se requiere de trabajo duro".

Un viaje de mil leguas empieza con un solo paso así que empieza por sentarte y fijar tus metas. Decide dónde estás ahora y dónde quieres estar en un momento específico del futuro. ¿Qué conocimiento y habilidades adicionales te ayudarían más a aumentar tu inversión de energía? ¿En qué áreas te sería útil y valiosa una habilidad en particular que te permita destacarte entre los demás en tu gremio?

Sé consciente de ti mismo

La clave para convertirte en una personalidad completamente funcional e integrada, factores básicos que subyacen a la confianza en sí mismo, es que seas consciente de quién eres en realidad y qué quieres de la vida.

A veces, como resultado de mirar hacia el interior, descubrirás oportunidades de grandes avances que puede que nunca antes hayas visto y que empiezan con el proceso de conocimiento de ti mismo. Al determinar tus fortalezas para el futuro vas a entablar tu propia búsqueda para explorar todas las áreas diferentes en las que es posible que tengas talentos escondidos. Una forma de autoconocimiento es llenar una serie de cuestionarios y pruebas para examinar pares de tu personalidad y habilidades de las que pueda que no seas consciente.

Invierte en ti

Hace algunos años fui a un sicólogo y tomé una cantidad de pruebas para descubrir mis fortalezas y debilidades y tengo que decir que gran parte de mi vida adulta ha sido afectada por lo que salió de esas pruebas. Los exámenes señalaban áreas en las que tenía talentos y habilidades naturales. También revelaban las debilidades de mi personalidad y áreas en las que tenía poco interés o capacidad.

Ese tipo de evaluaciones, como la prueba DISC, harán lo mismo por ti. Te revelarán una cantidad de información y te mostrarán lo que te gusta y lo que disfrutas, y qué tipo de trabajo te va a parecer más gratificante. Te encaminarán hacia tus verdaderos valores y hacia tus principales motivadores, y te mostrarán qué áreas de actividad te harán más feliz. Sus resultados te ahorrarían años de trabajo duro en el área equivocada.

Si tienes el tiempo y el dinero, un proceso de personalidad detallado y asesoramiento de carrera es un ejercicio muy valioso que ejerce una influencia inmensa en el resto de tu carrera. Si te falta el tiempo o el dinero, hay muchos libros llenos de autoevaluaciones disponibles en las librerías. Puedes tomar las pruebas tú mismo y te darán un resultado bastante preciso. Hay varias compañías que han desarrollado cantidades de instrumentos de autoevaluación que te darán sin duda una perspectiva sobre tus fortalezas y debilidades en áreas en particular.

Conocimiento y análisis de sí mismo

También hay una serie de ejercicios de autoanálisis y conocimiento propio que puedes hacer tú mismo solo con papel y lápiz. Estos ejercicios a menudo suelen abrir tus ojos y ayudarte a ver posibilidades sorprendentes.

El primer ejercicio es que te des cuenta de que ya has hecho muchas cosas y jugado muchos roles en tu vida. Empezando por tu niñez, aprendiste cómo hacer y realizar una variedad de tareas considerable. Tienes una inmensa cantidad de habilidades y talentos que has desarrollado con el tiempo, muchos de los cuales solo das por sentado.

Una vez, hace algunos años, apliqué para un trabajo como extra en una película. En el formulario de aplicación, una de las preguntas que hacían era: "¿Qué habilidades tiene que lo hagan más valioso como extra en diferentes escenas de la película?".

Me dieron una lista de unas 200 habilidades diferentes que se le podían pedir a alguien como extra en una película. Mi trabajo era señalar todas las actividades con las que había tenido experiencia previa. Mientras iba avanzando recuerdo todavía lo asombrado que estaba por el increíble número de cosas que había aprendido a hacer, sin siquiera pensarlo.

Oscilaban entre una variedad de deportes hasta conducir diferentes clases de vehículos, a cabalgar, cargar bebés, lavar platos, subir escaleras, colgar de cuerdas, nadar, bucear, saltar, tirarse al piso, y así sucesivamente. Puede que una de las razones por la que tanta gente tiene una confianza en sí misma tan pobre es porque nunca se ha sentado a hacer una lista de lo talentosa y capaz que en realidad es.

Haz una lista de tus habilidades y aptitudes

El primer ejercicio es que hagas una lista de todo lo que haces de manera regular. Escribe todos los roles y papeles que juegas desde que te levantas por la mañana hasta que te vas a la cama por la noche. Si practicas algún deporte o ejercicio con aparatos o equipos, escríbelo. Si eres padre o madre, cocinero, lavaplatos, conductor, comprador, lector, escritor, trabajador con distintos empleos, vendedor, negociador, profesor, gerente, mecanógrafo, la persona que contesta los teléfonos y cualquier otra cosa en la que puedas pensar, escríbelo. Sé tan detallado como puedas.

Revisa tu día, minuto a minuto y hora por hora, y escribe todo lo que haces en el transcurso de un día, un mes y un año. Cuando hayas completado esa lista, quedarás atónito con la cantidad de habilidades que has desarrollado y que usas en bases regulares.

Agrupa tus roles y actividades

La segunda parte de este ejercicio de autodescubrimiento y autoanálisis es que elabores una nueva lista en la que empieces a agrupar todo lo que haces por categorías, una de las cuales puede ser la crianza. Bajo el título de crianza, escribe todo aquello que, como padre o madre haces, que forma parte de criar a tus hijos. Como cónyuge, escribe todo lo que haces como cónyuge que tal vez no harías si no estuvieras casado.

Si eres un gerente, estás en las ventas o si tienes cualquier otra posición, escribe todo lo que haces en tu trabajo, día a día. Puede que uses el encabezado amistad y debajo escribas todo lo que haces como amigo: llamar a tus amigos, visitarlos, escribirles cartas, socializar, salir a comer, encontrarse después del trabajo, y así. Si practicas algún deporte, escribe deportes como encabezado y anota allí todas las actividades físicas en las que te involucras. Si estás interesado en leer, escribe todos los temas sobre los que, por lo general, lees.

Establece prioridades con respecto a tus roles

Cuando hayas completado el agrupamiento de tus roles y actividades, el último paso del ejercicio es establecer las prioridades en cada grupo. ¿Qué grupo de actividades te importa más? ¿Cuál es el segundo grupo más importante? Si te enviaran a una isla desierta por un tiempo indefinido y solo pudieras llevar contigo dos o tres de estas actividades, ¿cuáles serían?

Una vez hayas numerado tus grupos por prioridad, habrás creado una imagen bastante clara de quién eres y qué tiene valor para ti en la vida.

Tus siguientes preguntas serían:

1. ¿Qué tengo que hacer en estas áreas para obtener el máximo de satisfacción y disfrute?

2. ¿Qué tengo que hacer más y qué tengo que hacer menos?

3. ¿En qué me tengo que meter y de qué me tengo que salir?

4. ¿Qué es más importante en cada grupo y qué es menos importante?

5. Si tuviera que elegir, ¿cómo escogería y seleccionaría entre las cosas que hago?

Te sorprenderá el tipo de respuestas que empiezas a elaborar. Según mi experiencia, primero te sorprenderán los grupos que aparecen al principio de tu lista, y luego los que, si bien a veces ocupan una gran cantidad de tu tiempo, en realidad no son tan importantes para ti. Para que puedas conocerte realmente tienes que tomarte el tiempo de analizarte y escribir tu análisis en papel.

Pídeles a otros su perspectiva sobre ti

Un segundo ejercicio, que es muy útil para aprender más sobre ti mismo y que ha sido decisivo en la vida de muchas personas, es acudir a alguien cercano a ti y pedirle que te diga lo que cree que deberías hacer con tu vida.

Pregúntale a alguien en quien confías cuáles piensa que son tus puntos fuertes y tus puntos débiles, tus fortalezas y vulnerabilidades. ¿Qué consejo te daría alguien que se preocupe por ti sobre el tipo de trabajo que deberías estar haciendo y el tipo de talentos que deberías estar desarrollando?

Incluso la gente que no te conoce tan bien a menudo podrá darte una perspectiva sobre ti y sobre tus posibilidades que será muy exacta e incluso puede que sea en áreas en las que tú no hubieras pensado.

Una vez estaba manejando con un socio hacia una cita que era a las afueras de la ciudad. Tuvimos la oportunidad de hablar por el camino y yo estaba teniendo dificultades para decidir qué debía hacer en la siguiente etapa de mi carrera. Estaba considerando con seriedad meterme al negocio de dar seminarios y ser orador, y eventualmente producir programas de audio. En un impulso me volteé hacia él y le pregunté: "Si yo fuera a cambiar de carrera, ¿en qué crees que sería bueno?".

Una perspectiva importante

Mi socio lo pensó durante un rato y después se volteó y me respondió: "Brian, creo que serías muy bueno hablando en público, entrenando a otros y dictando seminarios. Investigas mucho y pareces disfrutar cuando compartes tus ideas con otras personas. El mejor uso de tu tiempo sería compartir tus ideas con audiencias".

Hasta entonces rara vez había hablado en público y nunca antes había dictado un seminario. No voy a decir que el incidente fue decisivo para mí, pero me dio la seguridad final que necesitaba para tomar la decisión de convertirme en orador profesional y entrenador. Este socio, un conocido casual, podía verlo con claridad.

Hoy día me dirijo a más de 250.000 personas cada año en los Estados Unidos, Canadá, Europa, Asia, Australia y Nueva Zelandia. He hablado en cada isla del Caribe y en México. Esa debió haber sido la decisión correcta.

Determina lo que te motiva

Un tercer método de autoanálisis es aplicar el trabajo del Dr. David McClelland, de Harvard, para evaluar tus propias áreas de mayor potencial.

McClelland desarrolló un método de entrevista para descubrir en qué tipo de trabajos serían mejores las personas. Su conclusión es que la gente se divide en tres categorías básicas. En general es posible saber si una persona será buena para un trabajo en particular al investigar si cabe en una de estas tres áreas.

El método de la entrevista, que puedes hacerte a ti mismo, consiste en formularle preguntas detalladas al candidato sobre experiencias importantes o momentos de orgullo personal de su pasado.

Las categorías eran determinadas analizando lo que más motiva a la persona. ¿Qué tipo de actividades disfruta más y en cuáles ha tenido más éxito en su vida personal y en trabajos anteriores? Hay tres perfiles básicos de motivación y cada persona entra dentro de uno de ellos, así como tú.

El perfil del triunfador

El primero se llama el perfil del triunfador y es el de una persona cuyo mayor sentido de éxito proviene de alcanzar algo que viene de una actividad casi por completo individual. Una persona que disfruta escalar una montaña o completar un curso de estudio, correr en una competencia o superar cualquier obstáculo para ganar, sería clasificada como un triunfador.

Hay fortalezas específicas que los triunfadores tienen y trabajos específicos en los que serían mejores. Uno de ellos es el área de ventas. Dado que vender es una actividad individual, la gente que es muy buena vendiendo es aquella que más disfruta las actividades individuales y los logros individuales.

El perfil del líder

El segundo tipo de motivación es el poder. Una persona con una fuerte orientación hacia el poder es alguien que disfruta hacer cosas a través de otros. El poder en este contexto se refiere a ser capaz de influenciar y coordinar actividades con otros durante un periodo de tiempo para completar una tarea compleja. Un entrenador de un equipo de deportes o un gerente que en verdad disfrute su trabajo sería alguien que está más motivado por este tipo de poder o influencia.

El perfil de afiliación

El tercer tipo de motivación se llama afiliación. Una persona con una motivación de afiliación es la que disfruta más trabajar en armonía con otros como parte de un equipo. Esta persona se divierte tanto apoyando a otros como recibiendo apoyo de ellos, disfruta cooperar con los demás hacia una meta en común y ver que la meta se alcanza exitosamente.

Preguntas

Cuando te sometas a esta prueba, pregúntate:

1. ¿Qué trabajo me gusta hacer más que cualquier otro?

2. ¿Qué trabajo me ha dado los sentimientos más fuertes de autoestima y orgullo personal?

3. ¿Cuáles han sido mis experiencias más importantes en la vida?

Lo que sea que más hayas disfrutado es un buen indicador de dónde están tus fortalezas, las cuales a lo mejor están escondidas por completo, pero al hacerte esas preguntas y enfrentar las respuestas sin titubear, empezarás a descubrirlas. Cuando encuentres una fortaleza potencial en tu interior, y empieces a desarrollarla para saber usarla en tu vida, comenzarás a sentirte muy bien.

Haz una diferencia real

Tu trabajo más importante es enfocarte en el área donde hagas la mayor diferencia posible y esta será en la que obtendrás el mejor retorno de tu inversión de energía. Cuando estás trabajando y expandiendo tus aptitudes en esa área donde están tus mayores fortalezas, te sientes genial, como un ganador, disfrutas de sentimientos maravillosos de autoconfianza y autoestima.

Acepta tu debilidad

En casi cada área también es importante para tu felicidad que desarrolles una perspectiva adecuada de la inevitable debilidad que tengas. Aquí hay ciertos puntos que te serán útiles.

El primero es que casi toda debilidad puede ser vista como una fortaleza, si es aplicada de una manera inapropiada. Si usas una de tus fortalezas donde no es requerida ni útil, se te convertirá en una debilidad, si interfiere con tu capacidad de obtener el resultado que deseas.

Ventas versus gerencia

Conocí a un vendedor que trabajaba para mí, —y quien una vez fue demasiado directo y en extremo agresivo conmigo. Su fuerte era las ventas, tenía mucho éxito y fue luego ascendido a una posición de gerencia. Sin embargo, en ese cargo su agresividad hacía de él ese tipo de persona con la que nadie quería lidiar.

Lo que yo no tuve en cuenta fue que su mayor habilidad estaba en vender, la cual es una labor que está ubicada en el área de logros individuales. Su agresividad era una fortaleza al hacer una venta, pero se le convirtió en debilidad al ser ubicado en una posición de gerencia en la que su fortaleza no era utilizada de la manera adecuada.

Muchas de las llamadas debilidades que tengas son solo fortalezas usadas en el lugar equivocado y con el propósito equivocado.

Debilidades situacionales

Una debilidad puede ser solo situacional. Recuerda el viejo dicho: "Cuando te metes al bosque, debes contar con los mosquitos". A veces serás criticado por las cosas que haces y es posible que concluyas que eres débil en esas áreas. Sin embargo, a lo mejor esa crítica solo sea parte del territorio.

Yo le hablo sobre ventas, gerencia y motivación a una gran cantidad de gente. De vez en cuando hay quienes se me acercan o me escriben, y algunos me manifiestan que no les gustó mi charla. Aunque más del 99% de los correos electrónicos y las cartas que recibo son muy favorables, es inevitable que haya gente que, por alguna razón, no está satisfecha con mis opiniones. Esos son los mosquitos inevitables que vienen con mi profesión.

Verás que hay quejas y críticas inevitables que surgen como parte de tu labor y es posible que no sean para nada una señal de debilidad sino simples opiniones u observaciones de otra persona.

Es factible que estés hipersensible

A lo mejor tengas una debilidad en tu personalidad que haya sido causada por una experiencia previa. Tal vez alguien se aprovechó de ti en el pasado y te sientes hipersensible ante el hecho de que se aprovechen de ti otra vez. Además es posible que hayas crecido en medio de críticas destructivas y por lo tanto desarrollaste una "piel muy delgada" y a eso se debe que la más mínima sugerencia de que alguien no aprueba del todo tu comportamiento hace que reacciones de manera negativa. Esto puede ser visto como una falla o debilidad en tu personalidad, pero en realidad solo es un resultado de tu propia historia. Sin embargo, no debes descartar la posibilidad de que descubrir tu debilidad sea el motivo que te ayude a decidir acabar con ella.

Las debilidades son buenos indicadores

Finalmente, lo que aparece como una debilidad es un indicador clave del tipo de trabajo o actividad en la que no deberías involucrarte. Es probable que no disfrutes esa área de desempeño en lo más mínimo. Si emprendes un trabajo o una tarea, y constantemente lo haces mal, esa es la manera en que la naturaleza te está diciendo que esa es una área inadecuada para ti.

Fortalezas y debilidades

El punto más importante que debes recordar con respecto a tus fortalezas y debilidades es que todo el mundo tiene ambas. Hay áreas en las que eres fuerte y en la que puedes convertirte en alguien con un desempeño extraordinario. Pero además hay áreas en las que eres débil y en las que es probable que no debas pasar mucho más tiempo del necesario tratando de asegurarte de que eres lo suficientemente bueno, a no ser que quieras insistir.

Toma el tiempo para analizarte con atención. Al practicar el autodescubrimiento, contigo y con otros, tanto de manera escrita como hablada, desarrollarás tu honestidad y adquirirás mayor conciencia acerca de ti mismo. Mientras más sepas sobre tus fortalezas, más aceptarás quien eres en realidad. A medida que tu nivel de aceptación de ti mismo aumente y empieces a respetarte por tus talentos únicos y tus habilidades, tu nivel de autoestima y confianza también subirá.

Cuando minimices o les quites importancia a tus debilidades e identifiques de manera simultánea tus fortalezas, tu desempeño será excepcional en todo lo que decidas hacer.

Ejercicios de acción

1. Decide hoy que vas a volverte muy bueno en lo que hagas, que vas a estar en el 10% más alto de tu campo de desempeño laboral.

2. Identifica cuáles son tus mejores habilidades y haz de ellas lo más importante para desarrollar un excelente trabajo.

3. Determina tus fortalezas naturales y tus habilidades, —esos trabajos y tareas que haces bien y que más disfrutas.

4. ¿Cuál es tu ventaja competitiva? ¿Qué es lo que haces mejor que casi cualquiera? ¿Qué podrías hacer con ella? ¿Cómo te ayudaría en el futuro?

5. ¿Qué tipo de trabajo te motiva más? ¿Qué actividades te dan un gran sentido de satisfacción personal?

6. ¿En qué áreas de tu vida obtienes el mejor beneficio por la energía que inviertes?

7. ¿Qué haces para marcar una diferencia real en ti y en tu negocio?

Tómate un momento con lápiz y papel en mano para completar uno o más de los ejercicios explicados en este capítulo y asegúrate de estar desempeñando el trabajo más indicado para ti, según todas tus cualidades.

Capítulo 6

TRIUNFANDO SOBRE LA ADVERSIDAD

"El milagro o el poder que eleva a unos pocos se basa en su diligencia y aplicación, y en la perseverancia de su espíritu valiente y determinado". —Mark Twain

La verdadera confianza en ti mismo viene del saber positivo más que del pensar positivo. Tu meta debe ser desarrollar el tipo de confianza inamovible que te haga una fuerza imparable de la naturaleza. Tu trabajo es dar cada paso posible para volverte tan positivo que seas irresistible y logres alcanzar cualquier meta que te propongas. Una de las cualidades más importantes que necesitas practicar es una fe absoluta en tu habilidad de superar cualquier adversidad que el mundo trate de ponerte en frente.

La persistencia es esencial

Napoleón Hill escribió: "La persistencia es al carácter de un hombre lo que el carbón al acero". También afirmó: "Antes de que el éxito llegue a la vida de cualquier persona, con seguridad tendrá muchas derrotas temporales y, tal vez, algunos fracasos. Cuando el fracaso se apodera de alguien, lo más fácil y lógico es renunciar. Y eso es exactamente lo que la mayoría hace".

En realidad, tu persistencia es la medida de la confianza que tienes en ti mismo y en tu habilidad de triunfar. Si crees sin lugar a dudas que, si perseveras durante el tiempo y con la intensidad suficientes al final ganarás, entonces nada te detendrá. Cuando estableces en tu interior esta certeza, entonces todo se vuelve posible para ti. Tu confianza en ti mismo va hasta el techo.

El Principio de Realidad

Roger Ringer, en su exitoso libro, *Los diez hábitos que lo llevarán al éxito* (Grijalbo 1996) dice que lo más importante de todos los hábitos que llevan a un gran logro es lo que él llama el "Principio de Realidad". Explica las actitudes de los hombres y las mujeres que han alcanzado la grandeza en casi cada campo.

La gente feliz y exitosa es en extremo realista. No se permite el lujo del autoengaño. Enfrenta el mundo como es y no como le gustaría que fuera. Acepta los hechos inalterables de la vida como le son dados y trabaja y planea sus actividades alrededor de ellos.

Al aprender a triunfar sobre la adversidad, la aplicación del Principio de Realidad es solo aceptar que "los problemas son inevitables". Problemas, contratiempos y decepciones son una realidad incuestionable de la vida. Tu habilidad para lidiar con esas dificultades tiene tanto que ver con tu confianza en ti mismo como cualquier otro factor.

La prueba de carácter

Es fácil sentirse bien con uno mismo y tener altos niveles de autoconfianza cuando todo está yendo bien, pero la verdadera prueba de un triunfador es cuando logra no perder la cabeza y sigue funcionando cuando las cosas parecen fallar a su alrededor, todo el mundo está desanimado y a menudo lo culpan a él. Esos son los momentos en los que de verdad cada uno demuestra de qué está hecho.

La Escuela de Negocios de la Universidad de Standford condujo extensas investigaciones sobre las cualidades de personas que demostraron avances en el mundo ejecutivo y finalmente llegaron hasta la posición de presidente o director ejecutivo. La Escuela usó una gran variedad de cuestionarios, encuestas y pruebas que iban en retrospectiva hasta llegar al punto en que cada individuo se unió a su compañía con el fin de encontrar maneras de predecir qué gente sería la que tenía más probabilidades de llegar a la cima de una organización grande.

Después de examinar docenas de cualidades al fin identificaron las dos más predictivas del éxito ejecutivo en términos de asegurar que la organización bajo el control de personas que las tuvieran seguiría sobreviviendo y se desarrollaría en un mundo dinámico y competitivo.

Juega bien en el equipo

La primera cualidad que identificaron fue la habilidad de desempeñarse bien como miembro del equipo sabiendo cómo armar grupos que cumplan objetivos en común. Todos los negocios y las habilidades interpersonales que hacen valiosa a una persona para una organización parecen demostrarse en un escenario de equipo. Esta habilidad era relativamente fácil de observar y medir durante el transcurso del ejercicio del trabajo de cada individuo.

Manejo de crisis

La segunda cualidad que identificaron era más difícil de medir, incluso siendo indispensable para el éxito a largo plazo. Esta cualidad es la capacidad de funcionar bien en una crisis.

Napoleón la llamaba el "valor de las 4:00 a.m." y corresponde al tipo de actitud que está disponible de manera instantánea cuando una persona que se levanta a esa hora no tiene tiempo de prepararse ni mental ni físicamente para una crisis. Dijo que esta era la forma más escasa de valor y, según él concluía, muy pocas personas la tienen.

En términos militares, a esto se le llama "estar bajo fuego". Una pregunta que todos los soldados, marinos y aviadores se hacen es cómo van a desempeñarse cuando estén bajo fuego. Ellos saben que esa es la máxima prueba del carácter y el entrenamiento óptimo de un individuo.

Las organizaciones saben que a menudo su subsistencia misma va a depender de qué tan bien un individuo lidie con los inevitables e inesperados giros del destino. El estudio de Standford concluyó que, aunque esta cualidad era difícil de medir porque no era posible crear ni anticipar una verdadera crisis para los propósitos de la prueba, esta cualidad seguía siendo de vital importancia para predecir el éxito en los niveles más altos del negocio.

Giros del destino

Esto también es cierto para ti. Tu autoestima y confianza en ti mismo están tan ligadas a tu capacidad de ser efectivo al enfrentar problemas y dificultades, que te quitarán el aire como un golpe en el estómago. Tu capacidad de levantarte y seguir luchando es la verdadera medida de aquello de lo que estás hecho en realidad.

Uno de mis poemas favoritos es el de Robert W. Service. Hay un verso en el poema que va así:

"Estás cansado del juego, es una lástima.

Eres joven, fuerte y brillante:

¡Te tocó un mal trato! Ya sé, pero no te quejes,
anímate y haz todo lo que puedas, y pelea.
Es alejarte lo que te derrotará,
así que no seas consentido, viejo;
solo aférrate a tu coraje, es fácil renunciar,
mantener la frente en alto es lo verdaderamente difícil."

La calidad de toda tu personalidad se ve afectada por cómo enfrentas la adversidad, por lo bien que mantienes la frente en alto. Las personas exitosas y seguras de sí mismas no son aquellas que no tienen problemas sino las que lidian con ellos de una manera más efectiva que el promedio de la gente.

B.C. Forbes, Fundador de la revista *Forbes*, escribió que "la Historia ha demostrado que los ganadores más notables a menudo enfrentaron obstáculos desgarradores antes de haber triunfado. Y ganaron porque se rehusaron a ser desalentados por su derrota". Tú también puedes hacerlo.

La teoría de la respuesta al reto

En 1952 el historiador Arnold Toynbee fue nominado al Premio Nobel en gran parte como resultado de su trabajo al estudiar los ciclos de vida de las civilizaciones. Él calculaba que en la Historia de la Humanidad han habido 21 grandes civilizaciones, 20 de las cuales se deshicieron con el tiempo. Consideraba que la civilización estadounidense era la número 21.

Se suponía que sus escritos debían iluminar y guiar a los historiadores y políticos modernos para que pudieran asegurar mejor la supervivencia y el éxito de sus naciones, y en el caso de los Estados Unidos, la perpetuidad de la República Americana.

Toynbee postuló lo que llamaba la teoría de la historia de la respuesta al reto. Dijo que cada gran civilización había empezado con un pequeño grupo de personas que en algún punto se encontraba enfrentando un reto externo. En la mayoría de casos, este reto estaba compuesto por fuerzas enemigas empeñadas en su destrucción. Sin embargo, en algunos casos, los retos venían del clima o la geografía.

Lidiar con el cambio de forma eficiente

Si un grupo pequeño de personas respondía de forma positiva y constructiva al enfrentarse a un desafío, el grupo superaba el problema y, al hacerlo, crecía. Al crecer, este grupo o tribu enfrentaba luego otro desafío mucho más grande, casi siempre manifestado como agresión de parte de otros grupos.

Una vez más el grupo debía reorganizarse internamente para enfrentar el nuevo desafío. Si otra vez respondía de forma positiva y constructiva, y superaba el desafío, el grupo continuaba creciendo. En cada etapa de crecimiento, el grupo, tribu o nación, desencadenaría mayores desafíos.

Y en cada etapa, mientras la comunidad continuara respondiendo con efectividad ante el desafío, seguía creciendo. El punto de quiebre sucedía cuando la civilización perdía el deseo o la habilidad de aumentar el desafío de cada periodo, empezaba a declinar y era superada por diferentes eventos históricos.

Todas las civilizaciones llegan a su fin

Algunas veces, como en el caso del Imperio Romano, tomó muchísimo tiempo antes de que Roma se desvaneciera como el poder más significativo del Mediterráneo. Una vez la población se volvió adicta "al pan y al circo", y a distintas formas de gobierno no del todo estables o estructuradas, perdió la capacidad de resistir los desafíos externos a los que era sometida por las tribus bárbaras del Norte.

En otros casos, las civilizaciones cayeron mucho más rápido. En menos de cinco años desde su desembarco en Veracruz, Cortés fue capaz de destruir los cimientos que la Civilización Azteca había preservado por cientos de años. El centenario Imperio Austrohúngaro corrió con una suerte similar y, en cuestión de los cortos cuatro años que duró la Primera Guerra Mundial, el imperio se desplomó y nunca más pudo recuperarse.

Sin importar el tiempo que durara la derrota, el evento crítico que la constituyó fue siempre la falta de voluntad y la inhabilidad para resistir los desafíos que enfrentaban las civilizaciones desde afuera, así como cualquier otra dificultad interna. Toynbee concluyó que, con excepción de algunos casos, las civilizaciones siempre colapsan desde adentro antes de ser derrotadas afuera.

La historia de tu vida

La razón para que la teoría de Toynbee nos resulte relevante es que explica, en buena medida, cómo funciona nuestra propia vida. Sin importar cuánto nos protejan nuestros padres mientras crecemos, tarde o temprano debemos enfrentar distintos problemas en nuestras relaciones personales, en el trabajo y en muchas otras actividades de la vida. Cada vez que enfrentamos una de estas presiones externas tenemos en nuestras manos la decisión de responder de manera positiva y constructiva o dejar que el problema se apodere de nosotros y nos abrume.

Si a conciencia decidimos responder de forma positiva y constructiva, debemos lidiar efectivamente con la situación, aprender a crecer y hacernos más fuertes para así tener nuestra mente en calma. Esto permite que nuestra confianza en nosotros mismos aumente. Nuestra habilidad para alcanzar nuestras metas también crecerá y, con ello, nuestra autoestima será mucho más saludable. Tendremos una imagen positiva de nosotros mismos, seremos mucho más seguros, más confiados y optimistas.

El alza y la caída de un negocio

Cada compañía, grande o pequeña, pasa por el mismo ciclo de desafío que cualquier imperio y se ve enfrentada a retos y a la necesidad de responder con asertividad ante estos. Si una pequeña empresa es capaz de sobreponerse a los inevitables contratiempos y percances que experimenta, seguirá creciendo y al hacerlo detonará nuevos desafíos, percances y contratiempos. Peter Drucker dijo: "Una compañía se mantiene en el negocio mientras siga produciendo dinero suficiente para pagar por sus errores".

Un consultor de negocios estimó que cada tres meses las compañías pequeñas tienen crisis a la que deben responder de forma adecuada o de lo contrario tendrán que lidiar con el colapso de la empresa.

Tú y yo somos parecidos a un negocio pequeño de muchas formas. Por fortuna, una inhabilidad para responder no nos llevará a algo tan definitivo como el colapso de un negocio. Sin embargo, si por alguna razón no logramos sobreponernos a los retos y dejamos que nos asfixien, nuestra autoestima y autoconfianza disminuirán, y nuestra habilidad para lidiar con las dificultades venideras se hará mucho más escasa.

Tus respuestas determinan tu futuro

Casi todo lo que te sucede está determinado por tu respuesta ante los altibajos de la vida. Tus respuestas son resultado de todo lo que has aprendido y experimentado con el tiempo. Thomas Huxley dijo: "La experiencia no es aquello que le sucede al hombre sino aquello que el hombre hace con lo que le sucede".

Tu vida y todo acerca de ti es puesto a prueba por la forma en que reaccionas ante cualquier evento. Lo que te determina no es exactamente lo que te sucede sino la forma en que respondes ante la situación. Es por ello que el estudio de Stanford fue bastante claro cuando dijo: "La habilidad de funcionar en un momento de crisis es el prerrequisito absoluto para promover a una persona a un cargo más alto".

De alguna forma, aquí en realidad estamos hablando de carácter. Una de las metas de tu vida debe ser desarrollar tu carácter para convertirte en un ser humano mejor y más fuerte. El desarrollo de carácter, esencial para tu felicidad a largo plazo y tu bienestar, requiere que pases por una serie de eventos desafortunados y derrotas hasta que emerjas victorioso.

Los problemas y las dificultades llegan cuando menos lo esperas

Con seguridad haces todo lo que está en tus manos para organizar tu vida de forma tal que puedas minimizar las sorpresas inesperadas y desagradables que siempre suelen surgir. Para ello usas tu inteligencia, tu educación y tu experiencia para organizar tu vida y tus asuntos de una forma en la que sepas cómo evitar la adversidad dondequiera y cuando sea posible.

Es bastante probable que planees con cuidado y antelación cualquier situación para que esta se desarrolle de forma conveniente. Esto, sin duda, lo haces tanto para las situaciones que suceden en tu vida personal como en tu trabajo. Eres especialmente cuidadoso con tu salud y con el bienestar de los miembros de tu familia. También eres considerado respecto a las cosas que te pueden asegurar mayor bienestar en tus negocios o carrera profesional. Cierras las puertas con llave, aseguras tus propiedades, conduces con cuidado, y de estas formas reduces tu potencial ante situaciones infelices.

Casi todo el mundo se prepara de esta manera, excepto quienes son abiertamente descuidados e irresponsables. Sin embargo, aun cuando pones todo tu empeño en evitar la adversidad, estás expuesto a lo inesperado y te ves obligado a experimentarlo. La adversidad llega a ti sin ser invitada. Y, cuando llega, quedas cegado por ella. Te derrota aun cuando pusiste todo tu empeño por evitarla.

La adversidad y el desarrollo de carácter

En ausencia de adversidades no puedes desarrollar un carácter más fuerte ni convertirte en una mejor persona ni desarrollar la capacidad de recuperarte, de perseverar y aferrarte a tu personalidad. Si no enfrentas la adversidad, no te desarrollarás como una persona que tiene altos niveles de confianza en sí misma ni lograrás alcanzar esa sensación de que sabes dominar el caos cuando te enfrentas a él. Tampoco podrás hacerte más fuerte si no enfrentas la adversidad a la que tanto temes.

Esta situación te plantea un acertijo en el que quedas atrapado y solo tienes una opción. Puedes elegir, de antemano, estar al nivel de la ocasión. Ann Landers lo resumió de una forma estupenda con las siguientes palabras: "Si me preguntaran cuál es para mí el consejo más útil que puedo darle a la Humanidad, sería que esperen los inconvenientes como una parte inevitable de la vida, y cuando estos lleguen, mantengan la cabeza en alto, miren el conflicto a los ojos y le digan: 'Soy más grande que tú. Tú no puedes derrotarme'".

Tu habilidad para responder es la clave

Frederick Roberston dijo: "No es la situación la que hace al hombre sino el hombre el que hace la situación". No es lo que te sucede sino cómo respondes a lo que te sucede lo que determinará toda tu vida. Entre las respuestas posibles que puedes elegir están contenidos factores determinantes de la grandeza y la depravación humana. Los grandes hombres y mujeres son aquellos que han respondido bien cuando la situación les era adversa; el resto es Historia.

El Dr. Abraham Zaleznik, de la Universidad de Harvard, es una de las pocas personas que ha investigado de manera extensa la decepción. Al estudiar la forma en que diferentes personas responden ante ella, el Dr. Zaleznik encontró que se puede determinar qué tan lejos puede llegar una persona en su vida solo al fijarse en la forma en que cada una responde ante la frustración y a los contratiempos que se presentan cuando intenta alcanzar sus metas.

El Dr. Zaleznik también encontró que buena parte de las personas no está preparada en su mente para las inevitables decepciones que deberá enfrentar en su vida y, cuando estas llegan, las personas suelen ser tomadas por sorpresa y resultan emocionalmente abrumadas. Luego ellas generalizan y sobredimensionan sus fracasos y se permiten sentir que no son buenas en lo que hacen porque no han tenido éxito.

Las personas suelen interpretar sus decepciones como señales de su falta de habilidad y competencia. Como resultado, se convierten en individuos decepcionados de sí mismos y pierden el valor y la confianza necesarios para continuar en pie. Muchas veces, estas personas caen en depresión y paulatinamente pierden la esperanza, dejan de fijarse metas y trabajar en sí mismas; pronto están más preocupadas por su inseguridad y sus posibles pérdidas que por tomar riesgos.

Respondiendo de forma asertiva ante la decepción

En este estudio las personas con un índice más alto de éxito respondieron de una forma muy distinta a las personas con menor índice de éxito. Para empezar, ellas estaban mentalmente preparadas para la decepción, así que cuando esta llegó, ya habían pensado de antemano cómo reaccionarían y tenían algunas opciones preparadas ante los posibles caminos de acción.

Estas personas consideran que los fracasos son específicos de situaciones particulares y no son signos de falta de habilidad o vacíos en el carácter. Más que nada, las personas con un mayor índice de éxito desarrollaron una serie de herramientas mentales que utilizan de forma automática cuando las cosas les salen mal.

Anticiparse a la crisis

Napoleón Bonaparte es considerado por los historiadores como uno de los mejores generales en la Historia de la Humanidad. En una carrera militar que se expandió durante 25 años, se involucró en innumerables batallas grandes y pequeñas y solo perdió tres. Se decía que su perseverancia en el campo de batalla era equivalente a 40.000 soldados del ejército francés debido al impulso moral que el general les daba a sus soldados.

Napoleón fue famoso por tomarse más del tiempo normal para estudiar el campo de batalla y pensar cualquier posible eventualidad. Se preparaba sin ninguna ilusión en mente, con una actitud firme y dispuesta a enfrentar las peores adversidades y reveses.

Cuando la batalla estaba en curso y la confusión reinaba en el campo, miles de mensajeros y soldados se acercaban a él para preguntarle qué debían hacer después. Sus respuestas siempre eran certeras, concisas e inmediatas. Sin importar qué sucediera, él tenía una respuesta en la punta de su lengua. La razón para que esta actitud lo ayudara a convertirse en el conquistador de toda Europa se debió a que él analizaba cada situación de antemano y tenía soluciones listas y ágiles.

Pensar y planear con anticipación

Este libro, *El poder de confiar ti mismo*, está pensado para ser práctico y útil para ti. En las siguientes páginas compartiré contigo algunas de las mejores herramientas mentales aptas para lidiar con la adversidad usadas por los hombres y mujeres más exitosos de nuestra sociedad.

Lo que te sugiero es que las estudies, les des vueltas en tu cabeza y las revises constantemente hasta que se te conviertan en una forma automática de actuar y pensar. Cuando estas herramientas estén incorporadas del todo a tu sistema, te prometo que podrás dar un paso enorme hacia convertirte en un individuo imparable y disfrutarás de los niveles más altos de confianza en ti mismo que puedes llegar a tener.

El concepto del fracaso

La primera técnica mental que quiero compartir contigo es que reevalúes tu actitud frente al concepto de fracaso. Debes saber que el "miedo al fracaso" es el mayor obstáculo para tener éxito y ser un adulto feliz. También debes saber que esta es una reacción condicionada que se origina en la infancia temprana como respuesta a las críticas destructivas y otros errores que tus padres cometieron contigo. Por fortuna este es un miedo aprendido y por eso podemos "desaprenderlo". Al liberarte de aquellos miedos que te retienen y te mantienen inactivo, y asumir tu confianza en ti mismo, podrás empezar un nuevo camino en el que nadie logrará interrumpirte o detenerte.

El punto de partida para eliminar estos miedos consiste en que te des cuenta y aceptes que no es posible alcanzar el éxito sin tener el fracaso presente. Todo éxito es precedido por el fracaso, generalmente por uno grande, que se repite durante un buen tiempo.

Abraham Lincoln era considerado uno de los grandes fracasos de la política norteamericana. Fue un hombre que perdió sus negocios, perdió a su amada y fue derrotado en las elecciones en repetidas ocasiones. Sin embargo, al aprender de cada derrota, Lincoln ganó por fin unas elecciones y se convirtió en uno de los más importantes y respetados presidentes que Estados Unidos jamás haya tenido.

Como escribió Stanley Judd: "No tengas miedo del fracaso; no malgastes tu energía tratando de evitarlo. Aprende de tus fracasos y sigue en pie ante el siguiente desafío. Está bien fracasar porque en realidad no estás fracasando: estás creciendo".

Aumenta tu ración de fracaso

Tú solo aprendes a triunfar fracasando, y no hay éxito posible sin el fracaso. Un joven periodista visitó a alguna vez a Thomas J. Watson, Fundador de IBM, y le preguntó cómo podía ser exitoso más rápido. Watson respondió con estas maravillosas palabras: "¿Quieres ser exitoso? Si es así, aumenta tu ración de fracaso. El éxito descansa junto al fracaso".

Cada hombre o mujer exitoso ha sufrido en algún punto un magnífico fracaso. Los grandes acontecimientos de nuestra generación y de nuestros libros de Historia son las experiencias de hombres y mujeres que fracasaron tantas veces que finalmente aprendieron cómo superarse.

Hace unos años en el programa de David Susskind estaban entrevistando a cuatro hombres que se convirtieron en importantes empresarios antes de los 35 años. Se les pidió, durante el receso, que sumaran y calcularan el número total de negocios que habían intentado desarrollar antes de que encontraran aquel negocio que los hizo ganar millones. Resultó que, en promedio, los hombres habían iniciado 17 negocios antes de dar con aquel que los había disparado al éxito; con un promedio de 16 negocios desfavorables, fue el decimoséptimo el que los hizo ricos.

Ahora, la pregunta obvia es la siguiente: ¿cada uno de esos jóvenes empresarios fracasó en sus 16 compañías anteriores? La respuesta es simple. No, ellos no fracasaron, ellos estaban aprendiendo cómo tener éxito. Sus negocios anteriores fueron las pruebas, los cimientos, que les permitieron aprender las lecciones necesarias para alcanzar la independencia financiera más adelante.

El más grande inventor

Thomas Edison fue el inventor más exitoso del siglo XX o de cualquier otro siglo. Él inventó no solo la bombilla eléctrica sino la empresa de energía eléctrica que hizo posible vender y distribuir la electricidad y llevar los bombillos a cada pueblo y ciudad de Estados Unidos. Edison patentó más de 100 dispositivos en la oficina de patentes de Estados Unidos. Casi todos ellos fueron llevados a producción y vendidos en el mercado mientras él estuvo vivo. Nuestro estilo de vida, y el estilo de vida de casi todas las personas en el mundo, se ha beneficiado por su éxito, por sus inventos.

Sin embargo, Thomas Edison era un notable fracaso como inventor. Fracasó más veces de las que ningún otro inventor de su época. Fracasó cientos y cientos de veces intentando encontrar el filamento apropiado para su bombilla eléctrica. Luego fracasó otros cientos de veces tratando de encontrar una planta apropiada para extraer caucho. En su laboratorio, en lo que es ahora General Electric, reunió a los científicos más destacados de su tiempo para que juntos pudieran aumentar el ritmo de fracasos en el menor tiempo posible.

El éxito es un juego de números

Edison sabía que el éxito es un juego de números que está basado en el esfuerzo inteligente y en la Ley de la Probabilidad. Si intentas un número suficiente de cosas en un número suficiente de formas distintas, y aprendes de cada prueba y de cada error, es inevitable que alcances el éxito en algún momento. El miedo al fracaso, por otra parte, lleva a la gente a intentar menos y menos cosas, y con ello se disminuye su probabilidad de lograr algo alguna vez.

En el mismo año que Babe Ruth bateó más *home runs* que cualquier otro jugador en Estados Unidos, Ruth también fue ponchado más veces que cualquier otro jugador. Cuando la pelota era lanzada, Ruth bateaba con todas sus fuerzas; muchas veces llegó a dar vueltas y caer al suelo como resultado de su esfuerzo. También estableció un récord en el béisbol norteamericano que no ha sido roto en décadas y se convirtió en la leyenda de la que todavía hablamos.

Henry Ford, que estaba en bancarrota a los 40 y llegó a convertirse en el hombre más rico del mundo, escribió: "El fracaso es solo otra oportunidad para, de una forma más inteligente, empezar de nuevo". La Dr. Joyce Brothers escribió: "La persona interesada en tener éxito debe aprender a ver el fracaso como algo saludable, inevitable, parte del proceso de llegar a la cima".

Aprende de cada error

Tu tarea no es temerle al fracaso o evitarlo tanto que también evites el éxito. Tu tarea por el contrario, es moverte hacia delante y tomar riesgos inteligentes, pensando con antelación y aprendiendo a medida que avanzas. Zig Ziglar dijo alguna vez que uno puede saber qué tan alto va a ser un edificio al mirar qué tan profundos enterraron sus cimientos. La altura que alcances en tu vida estará siempre determinada por la profundidad de tus cimientos personales, que es casi siempre proporcional a la cantidad y calidad de tus fracasos, y la persona en la que te has convertido como resultado de ellos.

Napoleón Hill escribió: "Cuando la derrota llegue, acéptala como una señal de que tus planes no son estables; reconstruye esos planes y embárcate de nuevo rumbo a alcanzar tu meta".

Dale Carnegie escribió: "El hombre exitoso resurgirá de sus errores y lo intentará una vez más de una forma diferente".

El punto de partida para triunfar sobre la adversidad es superar tu miedo al fracaso al punto en que estés deseoso de proceder en dirección a tus sueños sin importar qué encuentres en el camino. Sin importar cuáles sean tus emociones, miedos o deseos, debes saber controlar tus decisiones y todo lo que haces.

Cuando te sientas, escribes tus metas claras y trazas un plan detallado para lograrlas, y luego piensas en esas metas todo el tiempo, estas empezarán a hacer parte de ti y despertarán el más valioso deseo y motivación que, eventualmente, se convertirá en la herramienta más poderosa que podrás usar para superar cualquier miedo que te detenga y levantarte ante cualquier adversidad.

Entre más pienses, hables, compartas y escribas tus metas, más determinado estarás en hacerlas realidad, y será más probable que estas te impulsen a superar aquellos temores que te detienen.

Planes para el futuro

La segunda técnica mental que puedes usar para lidiar con la adversidad se llama anticipación de crisis y hace referencia a tu habilidad para pensar. Tu mente es la herramienta más poderosa que tienes para comprender y asimilar la realidad. Todo lo que sientes y todas tus reacciones ante distintos estímulos están en principio determinadas por la forma en la que piensas. Si cambias la calidad de tu pensamiento, cambiarás la calidad de tu vida. Este proceso empieza en el momento en que haces uso de tu habilidad para pensar en cada situación de tu existencia.

La anticipación a la crisis es el ejercicio que haces de concentrarte en ti mismo durante un periodo largo, de más o menos 6 a 12 meses, para pensar en todas las cosas que pueden salir mal en las áreas de tu vida que son importantes para ti. Es un proceso similar al que Napoleón llevaba a cabo antes de sus batallas.

Si estás involucrado en el área de negocios, haz una lista de todos los problemas que podrían surgir y poner en riesgo la supervivencia de tu negocio. Si estás dedicado a las ventas, haz una lista de todo lo que pondría en riesgo de forma dramática tus ventas hasta llevarlas al número más bajo. Respecto a tu familia —y puedes usar esto cuando estés planeando unas vacaciones familiares—, haz una lista de lo que sucedería y arruinaría todos tus planes o pondría en riesgo tus metas personales.

Minimiza el riesgo

En un negocio en el que trabajé alguna vez el dueño se dio cuenta de que el 60% de las ventas provenía de dos de los 11 vendedores que había en el equipo. Si uno de ellos renunciaba —o peor, si se iba a trabajar con la competencia—, el volumen de ventas de la compañía decaería de forma dramática y su supervivencia se vería amenazada.

Una vez el dueño tuvo esto claro se dedicó a desarrollar un programa de entrenamiento con el resto de su equipo y a la vez empezó a buscar nuevos y mejores vendedores; además hizo acuerdos con aquellos cuyo desempeño era más débil para que se fortalecieran en sus habilidades. En menos de seis meses ningún miembro de su equipo era responsable de más del 15% de las ventas. Y, cuando sus vendedores estelares decidieron irse, el negocio estaba preparado para resistir a la disminución temporal en las ventas y continuar creciendo.

¿Qué puede salir mal?

¿Cuáles son las posibles crisis que pueden ocurrir en tu vida? ¿Qué sucede si los intereses se duplican y tus ventas disminuyen en un 50%? ¿Qué pasa si tus productos de mayor venta dejan de venderse o tus mejores clientes dejan de comprar tus productos? ¿De qué área o áreas depende tu éxito? ¿De qué personas depende tu éxito? ¿Qué medidas debes tomar a partir de ahora para prevenir esas crisis, si llegaran a ocurrir? Estarás sorprendido de cuánta más confianza en ti mismo tienes cuando piensas de antemano en los posibles problemas que se presentarán a lo largo del camino y haces planes para actuar en caso de que algo salga mal.

Otto Von Bismarck, el "Cónsul de Acero" de Alemania, fue considerado uno de los políticos más importantes del siglo. Era famoso por tener siempre lo que luego fue llamado "el plan B" de cualquier situación. Sin importar qué sucediera, y sin importar cuán grande hubiese sido su esfuerzo por conseguir un resultado particular, si sus planes no resultaban como esperaba, él siempre tenía entre manos un plan nuevo para intentarlo otra vez. Este hábito de prepararse ante lo imprevisto lo llevó a convertirse en uno de los políticos más importantes de Europa.

Conviértete en alguien orientado hacia las soluciones

Piensa en la solución, en qué hacer en vez de pensar en qué sucedió y quién tuvo la culpa. No pierdas un minuto molestándote por algo que ya sucedió y no puedes cambiar.

Escoge a conciencia el futuro sobre el pasado. Conviértete en una persona orientada hacia las soluciones para evitar que sean los problemas los que te guíen. Piensa en qué hacer de inmediato para resolver cualquier dificultad, en las lecciones que debes aprender de cada situación negativa, en cómo minimizar el daño y maximizar las posibilidades que surgen en cada contratiempo. Como dijo Friedrich Nietzsche: "Lo que no nos mata, nos hace más fuertes".

El único antídoto certero contra la preocupación y la negatividad es el positivismo y la acción constructiva que te llevan en la dirección de tus metas. Tan pronto como actúes, tu autoestima y tu confianza en ti mismo empezarán a aumentar, te sentirás más en control de tus emociones y de tu vida, así que deja de sacar excusas y empieza a hacer avances y a pensar cómo puedes transformar una situación negativa a tu favor.

Nunca consideres la posibilidad del fracaso

Al final del proceso lograrás triunfar sobre la adversidad teniendo valores claros, metas y planes definidos, y controlando tu mente y tu pensamiento. Ganarás al pensar en ganar todo el tiempo y rechazar la posibilidad del fracaso. Ganas cuando decides persistir sin importar las probabilidades ni lo que pase hasta que el éxito al fin suceda. Reconocerás que la persistencia es una forma de valor porque es el valor lo que te hace más fuerte y te permite enfrentar la adversidad y las decepciones, y es la única cualidad que, al fin de cuentas, garantizará tu éxito.

Calvin Coolidge, Presidente de los Estados Unidos, resumió todo esto cuando escribió: "Nada en el mundo puede tomar el lugar de la persistencia. El talento no lo hará; nada es más común que un hombre talentoso y sin éxito. El genio no lo hará; el genio sin premio es casi un proverbio. La educación no lo hará; el mundo está lleno de vagabundos educados. Solo la persistencia y la determinación son omnipotentes".

Coraje y persistencia

La persistencia es la disciplina propia en acción. Cada vez que te impones disciplina para enfrentarte a la adversidad y la decepción, tu autoestima crece. Cuando practicas la persistencia, generas resistencia a tomar el camino o la solución más fácil. Al ser persistente creas la fricción que viene de ir en contra de sus tendencias naturales. Generas el calor que te cristaliza y te permite llegar a un nivel superior. Y con este alto nivel de persistencia, tu disciplina y tu carácter, tu autoestima, tu respeto por ti mismo y tu orgullo personal, aumentarán.

Creer en ti te sirve como una profunda base para tu confianza, base sobre la cual podrás construir una vida estable. Serás una persona más positiva, más optimista; no te detendrás hasta alcanzar aquello que quieres lograr. Harás todo esto teniendo en cuenta que Churchill dijo: "Nunca te rindas; nunca, nunca te rindas".

Ejercicios de acción

1. Identifica la adversidad más grande a la que te has enfrentado y de la que te has recuperado. ¿Qué aprendiste que te ayudó a convertirte en una mejor persona?

2. Determina lo peor que podría pasarle a tu negocio o a tu carrera. ¿Qué harás para minimizar el impacto negativo, si esto llegase a ocurrir?

3. ¿Cuáles son las tres peores eventualidades que podrían suceder en tu vida personal o familiar? ¿Qué harás para prepararte y enfrentarlas?

4. ¿Cuáles han sido los tres errores más grandes que has cometido y qué aprendiste de cada uno de ellos?

5. ¿Cuál es la forma más efectiva para responder a tu mayor problema actualmente?

6. ¿En qué áreas deberías prepararte y arriesgarte en vez de seguir quieto y a salvo?

7. ¿Qué harías de inmediato para enfrentar tus problemas y moverte hacia delante para alcanzar por lo menos una de tus metas más importantes?

Capítulo 7

CONFIANZA EN ACCIÓN

"Sobre todo, sé una persona de un solo objetivo; ten en mente un propósito legítimo y útil, y dedícate exclusivamente a él."—James Allen

Uno de los ejercicios más valiosos para llevar a cabo cualquier propósito que tengas es preguntarte: "¿Qué es aquello que me limita? ¿Cuál es el factor que determina la velocidad a la que alcanzo mi meta, si es que la alcanzo?".

Tu habilidad para identificar lo que te limita es una de las mejores demostraciones de tu inteligencia. Tu capacidad para eliminar lo que te detiene es una excelente demostración de tu competencia a la hora de llevar a cabo tus objetivos.

La confianza en ti es clave

Al estudiar bastante acerca de lo que se ha escrito o dicho sobre el tema del éxito profesional llegué a la conclusión de que el nivel de confianza en ti mismo es con seguridad el factor más importante en cualquier meta que logres. Cuando tengas la suficiente confianza en ti mismo, intentarás lo que sea que te propongas. Y como tu éxito es en buena medida un asunto de promedios y porcentajes, entre más cosas intentes, más probable será que las logres.

Durante muchos años Amoco Petroleum fue una famosa compañía de petróleos que se caracterizaba por desarrollar y mantener los niveles más altos de reservas de gas y petróleo. Alguna vez le preguntaron al presidente de Amoco por qué su compañía era tan exitosa en esta área. Él simplemente respondió: "Cavamos más pozos".

Ellos no creían ser mejores o más inteligentes que sus competidores, solo se concentraban en hacer más pozos y, por la Ley de la Probabilidad, terminaban encontrando más pozos con petróleo, lo que los llevó a convertirse en una de las compañías petroleras más rentables del mundo.

Intenta más cosas

Lo mismo es cierto para ti. Cuando te trazas más metas, intentas más cosas, te involucras en más actividades, exploras más oportunidades; con ello, tus probabilidades de tener éxito aumentan. Lo único que puede llegar a detenerte es tu nivel de confianza en ti mismo, pero cuando alcanzas el punto en el que crees completamente en ti, las barreras que existen en el mundo exterior no lograrán detenerte.

Los obstáculos más grandes siempre se encuentran en la mente. No están en circunstancias externas ni en situaciones o personas. Tan pronto como ganes la batalla interior, la batalla exterior se encargará de sí misma.

Desarrollar la confianza en mí mismo fue también un punto de inflexión en mi propia vida. La razón por la que me siento tan seguro sobre este tema es porque hace unos años tuve que enfrentarlo. Desarrollar una más alta confianza en mí mismo me llevó a pasar de la pobreza a la riqueza, de mis miedos y preocupaciones por el dinero a un reconocido prestigio nacional e internacional. Pasé de vivir en un pequeño apartamento de una sola habitación alquilado y tener montones de deudas a vivir en una hermosa casa con un campo de golf y a manejar mi propio Mercedes.

Problemas de comportamiento desde temprana edad

Admito que fui un individuo con problemas de comportamiento desde muy joven. Ahora veo que en ese momento solo intentaba rebelarme contra mi educación y mi crianza, pero en ese tiempo de veras era un problema para quienes estaban a mi alrededor. Me sacaban todo el tiempo de clases por no tener el comportamiento adecuado, fui suspendido y luego expulsado de cuatro escuelas durante mis años de Secundaria, tuve la penosa distinción de ser considerado el estudiante que peor se comportaba en mi escuela; tuve más sanciones disciplinarias, fallas y faltas que cualquier otro niño de los otros cuatro grados. Me enteré años después de que mis profesores creían que, de todos, yo era el estudiante que más probabilidades tenía de terminar en la cárcel.

Empecé a trabajar a temprana edad. Tenía un trabajo de medio tiempo y luego conseguí algunos trabajos de tiempo completo que me daban dinero suficiente para comprar mi propia ropa y, eventualmente, conseguir mi propio auto. Trabajé como lavaplatos en un pequeño hotel durante ocho horas al día en mi último año de secundaria, e incluso aunque no me retiré de la escuela, era un fracaso.

Fracasando desde el principio

Fui a estudiar hasta que el año escolar terminó, pero perdí seis de siete materias. Durante la ceremonia de graduación, las directivas de la escuela me permitieron subir al escenario a recibir un certificado de manos del rector. Mi compañero frente a mí en la fila recibió un diploma y mi compañero detrás mío, también. Yo solo recibí un certificado; una forma diplomática en la que la escuela me decía: "Hasta luego. Por favor no regreses".

Empleos

Mientras muchos de mis compañeros se graduaron y de inmediato empezaron a asistir a una universidad para continuar sus estudios, yo empecé a trabajar en empleos secundarios. Durante los siguientes años fui lavaplatos y ayudante de cocina, ayudaba en aserraderos y fábricas como obrero. Tuve un trabajo cavando pozos y allí empecé incluso a hundirme más bajo la tierra, a ir hacia abajo.

Estuve lavando autos y como ayudante en un barco; trabajé en una estación de servicio como asistente del mecánico. Cuando respondía a anuncios de empleo en el periódico, nadie me contactaba, mis solicitudes de empleo eran arrojadas a la caneca como cualquier otro papel. A mis 23 años fui granjero y dormía en el granero de la granja, me despertaba cuando todavía era oscuro en la madrugada para desayunar con la familia que vivía en la granja justo antes de empezar mi día laboral.

Vendiendo de puerta a puerta

A los 25 todavía estaba haciendo cualquier oficio para conseguir qué comer. En ese momento conseguí un trabajo como vendedor de artículos de oficina de puerta a puerta, pero también estuve vendiendo otras cosas. Recuerdo haber realizado llamadas durante un mes completo sin haber podido vender ni un solo producto. Vivía de préstamos y de la caridad de amigos y familiares. No tenía posesiones, tenía poca ropa, nada de dinero, ningún diploma de bachiller. No tenía habilidades en los negocios ni experiencia en ningún oficio que valiera la pena. Me dirigía hacia la nada.

Mientras tanto, veía a todas las personas a mi alrededor, gente de mi edad e incluso más jóvenes, que trabajaban y tenían empleos en los que les iba bien. Usaban ropa bonita, manejaban los mejores carros y tenían trabajos que les daban un sueldo decente. Ascendían todo el tiempo en sus profesiones. Muchos de ellos ya estaban casados y tenían casas con sus familias, espacios amoblados muy bien decorados y autos para salir a pasear.

La gran pregunta

Desde que tenía 15 años me preguntaba por qué había gente que tenía éxito y gente que no. Si bien no era un investigador en el campo, seguía leyendo sobre el tema y había ampliado mis preguntas respecto a cómo triunfar. Además empecé a poner en práctica algunas de las cosas que había leído y descubierto.

Mi primer punto de cambio fue cuando me di cuenta de que mis problemas en la escuela, así como mis dificultades para relacionarme con otras personas, eran resultado de mi personalidad. Descubrí que, si quería que las cosas cambiaran, yo tendría que cambiar. Entendí que mi infelicidad, ira y frustración de la infancia habían generado en mí una personalidad negativa que espantaba a los demás.

Acepté que cualquier cambio que tuviera lugar debía empezar en mí, y que dependía exclusivamente de mí que este cambio sucediera. Nadie iba a hacerlo en mi lugar. Nadie iba a ayudarme. En realidad, a nadie más que a mí le importaba. Si quería ser exitoso y popular, debía trabajar hasta convertirme en alguien diferente.

El gran punto de cambio

El segundo momento de cambio sucedió cuando tenía 20 años y era pobre. Vivía en un apartamento de una habitación y trabajaba como obrero durante el día hasta que me di cuenta de que era responsable por completo de mi vida y de todo lo que en ella había sucedido. De esa misma forma, también era responsable de todo lo que sucediera a partir de ese momento. Si era infeliz con mis ingresos, con mi trabajo, con mi educación, con mi futuro, estaba en mis manos hacer los cambios necesarios. Estos no iban a suceder por su propia cuenta.

La importancia de las metas

El tercer momento decisivo fue cuando descubrí la importancia de establecer metas y tomar decisiones claras sobre lo que en verdad quería hacer en cada área de mi vida. La primera vez que me encontré con el tema de las metas pensé que estas eran algo que se relacionaba solo con los deportes. La idea de establecer metas para mí no era muy creíble. Tenía tantos problemas y excusas que sentía que establecer metas era un ejercicio inútil. Podría ser un agradable entretenimiento, pero nada saldría de ello.

Debido a que tenía una baja autoestima y poca confianza en mí mismo las primeras metas que me puse no fueron muy altas. Intenté ser consecuente con lo que hablamos en el Capítulo 2 de este libro, pero yo veía el ejercicio más como un entretenimiento que como un paso importante para el éxito.

Recuerdo estar sentado en un cuarto de hotel barato hace muchos años. Tomé uno de esas hojas que hacen parte de la papelería de todo hotel, escribí una serie de metas, les puse plazos y luego hice un plan sencillo para llevarlas a cabo. No mucho después perdí la hoja, pero exactamente a los 31 días, tal como lo había escrito, y como resultado de una increíble serie de coincidencias, había cumplido todas esas metas. Estaba en mis veinte en ese tiempo y aún recuerdo el asombro que me causó ese momento. Sentía que había aprendido un poder secreto que podría usar para lograr casi cualquier meta.

Tres magníficas ideas

Había aprendido tres ideas importantes. Primera: a aceptar toda la responsabilidad sobre mí, así como de todo lo que era y de lo que sería. Segunda: a aceptar que solo yo puedo cambiar mi situación trabajando en mí mismo y aprendiendo lo que tengo que aprender para ser mejor. Tercera: a establecer metas claras con plazos para lograr lo que quiero y luego trabajar todos los días para hacer de esas metas una realidad.

Durante los siguientes años hice uso de estas ideas de manera esporádica y cada vez que lo hice, experimenté una explosión de éxito y progreso. Tan pronto como alcanzaba alguna meta, abandonaba estas ideas y volvía a actuar y responder como lo exigía mi vida cotidiana.

Me tomó muchos años empezar a practicar todas estas ideas de manera constante, junto con muchas otras que he mencionado en este programa. Y en ese momento empecé a conseguir resultados sistemáticos y frecuentes.

Nos saboteamos a nosotros mismos

Un tiempo después aprendí que nuestra tendencia natural es trabajar duro hasta que encontramos un método o técnica que nos funciona, sea en la vida, el trabajo, o las relaciones. Luego, por alguna perversa razón, abandonamos esa técnica y volvemos a comportarnos como antes, de manera fortuita y azarosa.

Un programa de ejercicio mental, como establecer metas y pensar positivo, es muy parecido a un programa de ejercicio físico. Si quieres que de verdad funcione, tienes que ser persistente, practicarlo todos los días y hacerlo por tiempo indefinido. Cuando empecé a usar estos principios para aumentar el éxito en mi vida y a trabajar en ellos todos los días, fui capaz de llevar a cabo cambios casi milagrosos a todas las áreas de mi vida.

Este es el punto. Aprendí, en retrospectiva, que sufría tantas frustraciones con tanta frecuencia que perdía el rumbo cuando intentaba seguir estos principios debido a mi falta de confianza. Mi consciencia me decía que estos principios tenían sentido. Sin embargo, mi inconsciente, mi bodega de recuerdos, emociones y experiencias previas, me decía que yo no era lo suficientemente bueno y que el éxito no era para mí. Como mi amigo Zig Ziglar dice: "Yo fui diseñado para el éxito pero programado para el fracaso". Yo quería el éxito por fuera, pero por dentro no sabía si era capaz de lograrlo.

Puedes desarrollar cualquier cualidad

El cuarto momento decisivo, y la razón por la cual escribí este libro, fue cuando descubrí que era capaz de desarrollar cualquier cualidad que considerara necesaria para mi éxito y felicidad. Aprendí que, trabajando duro y con constancia, superaría y anularía mis sentimientos de inferioridad, sería merecedor de mucho y trabajaría en mi autoestima y confianza en mí mismo.

Identificaba y luego lograba solucionar mis propias barreras o las etapas que me limitaban. Al trabajar en mí todos los días lograba poco a poco convertirme en la persona responsable y feliz que quería ser. Al dejar de frenar con mi inconsciente y pisar mi acelerador consciente, empezaba a moverme rápido por la vida. La clave, la bujía, era el desarrollo consciente y el mantenimiento de altos niveles de confianza en mí mismo y en mi autoestima.

El secreto del éxito

Todos los hombres o mujeres exitosos con los que he hablado o de los que he leído han llegado a la misma conclusión básica: no importa cómo los midas, tienes más talentos y habilidades de los que podrías necesitar en 100 vidas. Tú también puedes pisar el acelerador de tu propio potencial y empezar a moverte hacia tus metas a una velocidad que te sorprenderá. Muchas de las personas que han escuchado mis programas o han ido a mis seminarios han vuelto a mí y me han dicho que no pueden creer la rapidez con la que sus vidas empezaron a mejorar cuando comenzaron a usar estos principios a diario.

Las cuatro Des del éxito y la confianza en sí mismo

La primera D es deseo. En verdad debes querer convertirte en un ser humano con confianza en sí mismo. Debes construir tu deseo pensando, hablando y trabajando en él todo el tiempo. Tu deseo debe volverse tan intenso que anule tus miedos al fracaso, al rechazo y a la inferioridad, y convertirse en la emoción dominante que gobierne tu comportamiento. Un deseo intenso es el punto de partida de toda modificación de personalidad, y el origen de alcanzar todas tus metas.

La segunda D es decisión. Debes tomar la decisión de "todo o nada", de que vas a trabajar en ti mismo y mantenerte trabajando hasta que hayas logrado el tipo de confianza en ti mismo que te permita hacer, ser y decir lo que quieras. Debes quemar tus puentes mentales. Muchas personas quieren cosas, pero nunca toman una decisión clara e inequívoca de hacer lo que se requiera para conseguirlas.

La tercera D es determinación. Una vez hayas empezado a hacer cambios significativos en tu manera de actuar, tu giroscopio interior intentará tomar control y llevarte de vuelta a tu zona de confort, a tus antiguas maneras de actuar. A veces el progreso será lento y muchas veces no vas a ver ningún progreso. Sin embargo, debes persistir en los comportamientos positivos y constructivos que sabes que te llevarán a convertirte en la persona que quieres ser. Tu determinación debe ser tan inquebrantable como la confianza en ti que deseas tener.

La cuarta D es disciplina. Alrededor de todo gran logro en la vida está la cualidad de la autodisciplina. Esta es la habilidad de obligarte a hacer lo que debes hacer, cuando debes hacerlo, quieras o no quieras. Toda práctica de autodisciplina refuerza tu disciplina en todas las otras áreas de tu vida.

Napoleon Hill, después de más de 20 años de investigar las vidas de hombres y mujeres exitosos, afirmó: "La autodisciplina es la llave maestra a todas las riquezas". Es la autodisciplina lo que hace posible todo lo demás.

Si tienes el deseo de cambiar, el poder de decisión para tomar acción, la determinación de persistir moviéndote hacía tu futuro, y la disciplina para obligarte a hacer lo que sea que tengas que hacer, tu confianza en ti y tu éxito serán inevitables.

Conocimiento positivo contra pensamiento positivo

Antes habíamos dicho que la confianza en sí mismo proviene del conocimiento positivo más que del pensamiento positivo o la esperanza. Es solo cuando tienes una convicción firme o confianza en tus habilidades, basada en tu experiencia, que en verdad sabes que tu confianza en ti mismo no es una farsa.

Es por esto que todo acto de confianza en ti construye tu autoconfianza. Todo éxito que experimentes refuerza tu confianza y tu habilidad para lograr más éxitos. Todo ejercicio mental que practiques para mejorar y fortalecer tu personalidad refuerza tu confianza. Todo lo que aprendas y practiques de la vida de otras personas que poseen confianza mejora tu propia imagen, incrementa tu autoestima y aumenta tu confianza en ti mismo.

La encuesta Gallup del éxito

Hace algunos años, a mediados de los ochenta, la Organización Gallup llevó a cabo una de las encuestas más extensas que se han hecho en los Estados Unidos acerca de cómo lograr el éxito. Seleccionaron a 1.500 hombres y mujeres cuyos nombres y biografías habían aparecido en *Quién es quién en los Estados Unidos*, de Marquis, —el registro más prestigioso de individuos notables del país.

Les preguntaron a todos los seleccionados de manera específica cuáles creían que eran las razones por las que se habían vuelto tan conocidos y respetados a lo largo de su vida. Este grupo incluía a ganadores del Premio Nobel, presidentes de universidades, cabezas de corporaciones, líderes académicos, escritores, inventores, empresarios e incluso un entrenador de futbol americano de Secundaria, quien continuamente tenía un impacto significativo en la vida y personalidad de los jóvenes que entrenaba.

Cinco cualidades esenciales para el éxito

Después de muchos meses de investigación y entrevistas los investigadores lograron aislar las cinco cualidades más importantes para el éxito y la confianza en sí mismo en los Estados Unidos, y sus descubrimientos resultaron ser consistentes con todas las otras investigaciones que se han hecho en esta área.

Sentido común

La primera y más importante cualidad para el éxito fue definida como sentido común. Se dice que una persona promedio tiene acumulada una enorme cantidad de sentido común porque no lo ha usado. El sentido común parece ser el conocimiento que cada quien acumula como resultado de su propia experiencia a lo largo de un periodo prolongado de tiempo.

El sentido común fue definido por los participantes de esta encuesta como: "La habilidad para llegar al fondo de un asunto e identificar y manejar los elementos esenciales del problema o situación, en vez de distraerse con las pequeñeces o los síntomas del asunto en cuestión".

Otra definición de sentido común fue: "La habilidad de aprender de la experiencia y luego aplicar la lección a situaciones posteriores". El sentido común fue visto como la cualidad central que le permite a una persona volverse cada vez más efectiva.

La sabiduría es esencial

Tal vez otra palabra adecuada para sentido común es sabiduría. Aristóteles definió la sabiduría como una combinación equitativa de experiencia y reflexión. Él sugirió que necesitas, primero, tener experiencia; y segundo, tomarte el mismo tiempo para pensar acerca de lo que te pasó y lo que podrías aprender de ello.

Eres mucho más sabio de lo que crees. De hecho, basado en tu experiencia, es casi un hecho que tienes la habilidad de ser mucho más efectivo de lo que eres con tan solo usar todo lo que ya has aprendido. El problema para la mayoría de personas es que ellas no tienen suficiente tiempo para reflexionar. No se toman el tiempo para sentarse, escribir, pensar y dialogar con otros acerca de sus experiencias.

Sócrates dijo: "Aprendemos sobre algo solo hablando de ello". En realidad habrás entendido algo cuando de verdad seas capaz de discutirlo con otros o explicárselo a un tercero. Tu habilidad para traducir tu experiencia en palabras —habilidad que solo surge a través de pensar y reflexionar— es esencial para tu crecimiento, sabiduría y sentido común.

Adquirir conocimiento adicional

Me gustaría añadir un ingrediente más a la definición de sabiduría de Aristóteles: el conocimiento. La sabiduría surge por partes iguales del conocimiento, la experiencia y la reflexión. Primero aprendes, luego practicas lo que has aprendido y después te tomas el tiempo para pensar en lo que pasó. Cuando apagas el televisor o el radio y dejas a un lado el periódico, y empiezas a pasar más tiempo hablando y pensando acerca de lo que te ha pasado, creces a un ritmo exponencial.

Dos preguntas mágicas

Quizá las dos mejores preguntas que he aprendido para mi crecimiento personal son estas: después de cada experiencia, exitosa o no, detente y escríbela en un papel, y luego pregúntate: "¿Qué hice bien y qué haría distinto?".

Si tomas una hoja de papel y escribes en la parte de arriba: "¿Qué hice bien?" y luego escribes debajo cada una de las cosas de la experiencia que hiciste de manera correcta, vas a acelerar el desarrollo de tu sentido común. Al analizar tu reciente desempeño, como lo hacen los jugadores de fútbol americano con videos, te encontrarás a ti mismo mejorando muy rápido. El hecho de que te tomes el tiempo para reflexionar va a llevarte a mejorar en las áreas a las que les prestes atención.

Cuando te preguntas: "¿Qué haría distinto?", empiezas a ver posibilidades para mejorar. Lo maravilloso de estas dos preguntas es que las respuestas para ambas son positivas y constructivas. Y cuando te fijas en las partes positivas y constructivas de tu desempeño, actual y futuro, estas ideas se instalan más profundo en tu subconsciente y te programarán para que actúes de acuerdo con esta información en una próxima ocasión.

Revisa tu desempeño

Había un famoso entrenador de fútbol americano que se sentaba con sus mejores jugadores a ver los videos de sus últimos juegos. Les mostraba repeticiones de ellos corriendo, pasando o atrapando la bola, pero sin hacer ningún comentario. Los jugadores que tenían egos menos sensibles eran muy conscientes de sus errores y debilidades y no era necesario decirles nada. Como resultado de ver los videos juntos, los jugadores mejoraron, y el entrenador pasó a ser visto como un gran hacedor de hombres.

Después de cada llamada de ventas o de cada entrevista, haz una repetición, solo o con alguien más, y pregúntate: "¿Qué hice bien? ¿Qué haría distinto?" Te sorprenderás con lo que ves y con la velocidad a la que empiezas a mejorar. Es probable que este sencillo método asegure que mejores más en un mes de lo que la persona promedio mejora en un año, e incluso en dos. Solo inténtalo por un día y pruébate a ti mismo.

Sé bueno en lo que haces

La segunda cualidad para el éxito y la confianza en sí mismo que salió del estudio que mencioné más arriba fue la habilidad. Ya hablé de esto en detalle en el Capítulo 3. Los hombres y mujeres más exitosos y felices son muy buenos en lo que hacen, y ellos lo saben. Han aprendido, practicado y reflexionado, y se han hecho cada vez mejores hasta que sus compañeros empiezan a reconocer su desempeño sobresaliente en el campo de trabajo. Esta sensación de ser el mejor es un requisito indispensable para una profunda y duradera confianza en ti mismo.

Autosuficiencia

La tercera cualidad identificada en el estudio fue la autosuficiencia. Los hombres y mujeres que son respetados por otros tienden a buscar las respuestas para sus preguntas, así como las soluciones para sus problemas, por sí mismos. Son muy responsables, en especial con ellos mismos.

Ellos no culpan a otros ni inventan excusas cuando las cosas salen mal. Se consideran la fuerza creativa primaria en su propia vida. Se ofrecen como voluntarios para tareas difíciles y están dispuestos a hacerse cargo cuando se necesita hacer algo.

Inteligencia, más que CI

La cuarta cualidad identificada fue la inteligencia, la cual parece ser un requisito clave para el éxito y la confianza en sí mismo. Sin embargo, cuando revisaron este aspecto, se dieron cuenta de que la inteligencia no se mide necesariamente en términos de CI.

Muchos de los triunfadores más notables de la actualidad tuvieron un bajo desempeño en la escuela. Obtenían bajas calificaciones y muchos de ellos no terminaron la universidad ni incluso la secundaria, en el momento en que su éxito empezó a crecer. Es más: uno de los hombres del estudio ni siquiera sabía leer ni escribir, y aun así logró terminar su carrera universitaria escondiendo su desventaja y haciendo que otros hicieran sus tareas por él.

Ingresos y CI

Recientemente se llevó a cabo una encuesta en Nueva York para la cual se seleccionaron a 1.000 adultos al azar con el fin de examinar su CI. En ella se encontró que, entre la persona que tenía el CI más alto y la que tenía el CI más bajo hubo una diferencia de tan solo dos veces y media en puntaje. Pero entre la persona que ganaba la cantidad más alta de dinero y la que ganaba menos hubo una diferencia de más de 100 veces en ingresos. Y la que más dinero ganaba no estaba ni siquiera cerca de ser la del CI más alto.

¿Cómo se define inteligencia?

Si la inteligencia no necesariamente se mide con el CI ni las calificaciones ni los años de educación, ¿qué es inteligencia? En mi opinión, la inteligencia es en realidad una manera de actuar. Si actúas de forma inteligente, eres inteligente. Si actúas de forma estúpida, eres estúpido, sin importar tu CI ni tu educación.

Las personas inteligentes toman las acciones necesarias para conseguir los resultados que desean y son efectivas en cualquier situación en la que se encuentren. La inteligencia es más un asunto de hacer las cosas correctas que de hacer las cosas correctamente.

La definición de inteligencia

Entonces, ¿qué es actuar con inteligencia? Aquí está la respuesta: actuar inteligentemente es actuar de manera consistente con las metas que te has trazado. Siempre que hagas algo que te lleve a alcanzar una meta que es importante para ti, estás actuando de forma inteligente y eres inteligente.

Sin embargo, cuando tienes un comportamiento que te aleja de tus propias metas, te estás comportando de manera estúpida. El mundo está lleno de personas que se comportan de manera estúpida, hora tras hora y día tras día porque están haciendo cosas que seguro les van a traer los resultados opuestos a los que ellas dicen querer.

Sé congruente con tus acciones

Si una de tus metas es vivir hasta los 80 o 90 años de edad y tener una vida feliz y saludable, entonces todo lo que hagas hoy, en términos de tu comida, bebida, ejercicio, descanso, y en especial evitando comportamientos malsanos, es inteligente. Sin embargo, si no te ejercitas, si comes cosas poco saludables, fumas y descuidas tu salud de cualquier forma, te estás comportando de manera estúpida de acuerdo a tu propia definición.

Si estás relacionado con ventas o negocios, y aprendes a manejar tu tiempo de tal manera que puedas gestionar muchas cosas a lo largo de tu día laboral, estás actuando de forma inteligente. Si haces cosas que comprometen tu productividad o te alejan de tus metas, estás actuando como un tonto en términos de tus propias metas.

Esta es una idea clave: todo lo que hagas te mueve hacia una de tus metas o te aleja de ellas. Nada es neutral. Todo cuenta. Cada acto que realizas es un acto positivo que va en el lado positivo de tu hoja de cálculo personal o uno negativo que también va en el lado negativo de tu hoja de cálculo personal.

Una gran vida es tan solo una vida que tiene más marcas en el lado positivo que en el lado negativo. Esto quiere decir que una persona inteligente es aquella que hace muchas más cosas que la mueven hacia lo que quiere ser y hacer.

Evita el autoengaño

No caigas en la trampa de engañarte a ti mismo al creer que solo vale aquello que tú quieres que valga. Muchos piensan que, si no tienen en cuenta algún hecho, entonces ese hecho no tendrá ningún efecto en ellos. Piensan que, si no leen un libro y o no escuchan un programa de radio, que si no pasan tiempo con su familia y o no juegan con sus hijos por estar jugando en el computador o viendo televisión, que si no hacen todas esas cosas que les permiten tener una vida feliz, sana y exitosa, no importa porque, como no creen que nada de eso vale la pena, por lo tanto no cuenta.

Lo cierto es que todo cuenta. Nada es neutral. Todo lo que hagas o dejes de hacer contribuye a hacer de tu vida una gran vida o una vida mediocre. Todo cuenta.

Con respecto a tu autoconfianza, cada vez que haces algo que te acerca a tus metas, te sientes como un "ganador". Sin embargo, cada vez que dejas de hacer cosas que te mueven hacia delante, hacia algo que quieres, o peor aún, que te alejan de tus metas, te sientes como un perdedor.

Estos comportamientos no solo son progresivos sino habituales. Entre más repitas uno u otro comportamiento, más fácil y más automático se vuelve. Es decir que, entre más repitas los comportamientos ganadores, más consistentes serán tu acciones, más te sentirás como un ganador, más ganarás, más autoconfianza desarrollarás y más creerás en ti y en tus metas. Tus acciones moldean tu carácter.

Realizando el trabajo

La última cualidad del éxito que se identificó en el estudio fue la orientación a conseguir resultados. Esto quiere decir que tú sabes que eres capaz de conseguir los resultados por los que eres responsable. Todos los hombres y mujeres que han alcanzado el éxito son reconocidos como personas que pueden realizar el trabajo, sea cual sea. Son gente siempre decisiva, enfocada en los resultados y en las acciones.

Estas personas están enfocadas en su desempeño. Tienen un sentido afinado de acción y de urgencia. Se han entrenado a sí mismas para ser extremadamente capaces de hacer lo que sea que se requiera. Los mejores trabajos y las mayores responsabilidades parecen fluir en ellas. El mundo parece hacerse a un lado y abrirle camino a todo aquel que sabe lo que está haciendo y hacia dónde se dirige.

Hazte en el carril rápido

Una de las acciones más inteligentes que puedes tomar es volverte mejor en aquello que haces y que es de gran importancia para lograr los resultados que van a determinar tu éxito. Entre mejores sean tus resultados, más altas serán tu confianza en ti y en tu autoestima. Serás promovido más a menudo y tendrás un mejor salario porque producirás una cantidad y calidad de trabajo mejor.

Haz lo que hacen los mejores

Te darás cuenta de que todo lo que hemos hablado en este libro de alguna manera se refleja en las cinco cualidades para el éxito en los Estados Unidos. Anteriormente expliqué la importancia de seleccionar tus valores y de organizar toda tu vida alrededor de lo que crees que es bueno y verdadero. Siempre y cuando sepas que estás viviendo de manera consistente con tus principios más altos, tu confianza en ti mismo tendrá una base inquebrantable.

A lo largo de este libro he hablado de la importancia de establecer metas claras y decidir con exactitud qué quieres en cada área de tu vida. Sabes que metas grandes, importantes, desafiantes, claramente definidas, con planes escritos para llevarlas a cabo, mejoran todo tu concepto de ti mismo y tu confianza.

Planea tu trabajo y trabaja en tu plan

Cuando planeas tu trabajo, trabajas en tu plan y dedicas tu energía a completar tareas de gran valor, empiezas a hacer un progreso rápido hacia la realización de tus metas; tu confianza se incrementa.

Cada vez que decides ir más allá, hacer más de lo que te están pagando por hacer, dar más de lo que obtienes, ir más allá de lo que se espera de ti en tu trabajo y en tus relaciones con los otros, te sientes como un ganador, tu nivel de autonomía se incrementará y te sentirás motivado a dar aún más de ti.

Cuando te dedicas a ser cada vez mejor a la hora de realizar las tareas que son importantes en tu vida, logras una sensación de dominio y competencia mejorados. Tu confianza en ti mismo se hará más profunda y tu habilidad para conseguir los resultados que son más importantes para ti incrementará. El desarrollo de la excelencia y tus habilidades en lo que haces son un maravilloso tipo de conocimiento positivo que sin lugar a duda te genera mayor autoconfianza.

Haz tu trabajo rápido y bien

No hay casi nada tan eficaz como enfocarte en los resultados y hacer tu trabajo con excelencia para que la gente que respetas y estimas te respete. Numerosos estudios han demostrado que el reconocimiento duradero de las personas en tu trabajo solo viene de ser muy bueno en lo que haces. Solo un desempeño excelente puede lograr que te destaques y darte el tipo de poder e influencia que hace la diferencia en cualquier organización.

Dedícate al aprendizaje continuo

Tu compromiso continuo con tu desarrollo personal y profesional te da una sensación de crecimiento constante. Siempre que sientes que estás creciendo como persona te sientes motivado y recargado internamente para lograr aún más. Entre más aprendas, más aprendes. Entre más te desarrolles a ti mismo, más capaz te vuelves de desarrollarte aún más.

Por la Ley de la Correspondencia, entre mejor y más capaz te vuelves por dentro, los aspectos exteriores de tu vida también mejoran. Cuando veas que tu vida está mejorando, te sentirás más positivo y en control de tu propio destino. Te gustará más quien eres, te respetarás más y tu confianza en ti se incrementará.

Actúa de forma continua y directa

Cualquier acción positiva, constructiva y decidida que tomes en dirección de tus sueños mejora tu imagen propia y aumenta tu confianza. Cuando te obligas a hacer justo lo que te lleva en dirección a lo que es importante para ti, desarrollas la fortaleza y seguridad en ti mismo que son evidentes para la gente a tu alrededor.

Cada acción positiva genera la emoción positiva que va con ella. Cuando mantienes tus pensamientos y tus acciones consistentes con tus aspiraciones más altas y con tus metas más valiosas, vas construyendo poco a poco el tipo inquebrantable de confianza en ti mismo que te permite lograr casi cualquier cosa.

Sé tu propio porrista

Cada mañana cuando te levantes, repítete: "¡Este va a ser un gran día!" Haz que el desarrollar una personalidad positiva sea tu meta general y organiza todos tus comportamientos en esa dirección. Recuerda, estás demostrando que posees la inteligencia más alta cuando todo lo que haces contribuye a aumentar tus sentimientos de confianza en ti mismo y en tu autoestima.

Habla contigo de forma positiva todo el tiempo. Dite a ti mismo: "¡Puedo hacerlo, puedo hacerlo!", "¡Me siento saludable, me siento feliz, me siento estupendo!". En tus conversaciones con otros, usa palabras positivas y optimistas. Aléjate de los que se quejan y critican. Vuelve un juego encontrar algo bueno para decir acerca de todo el mundo y de todas las cosas. Las palabras positivas llevan a una actitud mental positiva.

Crea un ambiente positivo a tu alrededor. Crea imágenes mentales claras de la persona que quieres ser y de lo que quieres tener. Lee libros que expandan tu mente e incrementen tus habilidades. Escucha programas educativos en tu carro. Rodéate de gente positiva y aléjate de la negativa.

Controla tus imágenes mentales

Antes de cada evento importante practica mentalmente e imagínate a ti mismo haciendo tu mejor ejecución de la situación a la que te enfrentas. Recuerda y revive un momento en el que hayas tenido tu mejor desempeño. Antes de dormir piensa en lo que hiciste bien durante el día y en lo que harás mejor en los días que vienen. Empapa tu mente con imágenes mentales de ti mismo en tus mejores momentos. Lo que ves es lo que obtienes.

Siempre que pase algo que te haga perder el equilibrio estabilízate pensando en tus metas. Por la Ley de la Substitución, solo puedes pensar una cosa a la vez, y si piensas en tus metas, de inmediato tu mente va a volver a un estado positivo. Haz un juego de elevarte por encima de las frustraciones mezquinas de otros, del tráfico y los percances inesperados. Repítete a ti mismo: "Lo que no se puede solucionar se debe sobrellevar". Vuelve a pensar en tus metas y en todo lo que puedes hacer en cada momento para moverte hacia ellas.

Desarrolla disciplina y coraje

Siempre que tengas la opción de hacer algo divertido y fácil en vez de algo que es difícil pero necesario oblígate a salir de tu zona de comodidad en dirección de tus sueños. Resiste a conciencia la tentación de ser blando contigo mismo. Recuerda que la zona de comodidad es el gran enemigo del desempeño y del potencial humano. Es solo en las áreas de desafío y riesgo donde te obligas a ir más allá de lo que es cómodo y fácil para ti, allí es donde las posibilidades del éxito te esperan.

Cada uno de tus actos de valentía y audacia no solo te produce más valentía y audacia, también te produce confianza en ti mismo. Entre más seguido te atrevas a moverte hacia delante, incluso cuando hay incertidumbre, más probable es que este tipo de comportamiento valeroso se vuelva uno de tus hábitos.

Con el tiempo lograrás quitarte la sensación de miedo en casi cualquier situación. Habrá muy poco que no arriesgues o que no intentes. Desarrollarás tal confianza en ti mismo que vas a confiar absolutamente en tu habilidad para triunfar, incluso cuando las probabilidades estén en tu contra porque el éxito está basado en la Ley de los Promedios: al final tendrás éxito y lo harás de una manera grandiosa.

Cuídate muy bien

Asegúrate de cuidar físicamente de ti cada hora de cada día. Come la comida apropiada, bebe muchos líquidos, duerme bien y ejercítate con regularidad. Si no estás feliz con tu apariencia física, ve a trabajar en ella. Establece una serie de metas para estar en tu peso perfecto, usar la ropa ideal para ti. Asegúrate de estar aseado en todos los aspectos.

Tu confianza en ti se ve afectada por tu imagen propia. Tu imagen, por otro lado, está en gran parte determinada por la forma en que tú crees que te ven las otras personas. Cuando trabajas duro en ti mismo y produces una imagen que sabes que es atractiva para los demás, te sientes maravilloso contigo mismo y tu autoconfianza se incrementa de inmediato. No importa desde dónde estás empezando, tu trabajo es decidir a dónde quieres ir y luego hacer un plan para llegar allí.

Habla con confianza y claridad

En tus conversaciones, asegúrate de hablar con claridad y de expresarte abierta y honestamente. En conversaciones de uno a uno o con grupos, entre más competente seas en hablar con claridad, más competente y seguro te vas a sentir.

Si la timidez es un problema para ti, conviértela en una meta y oblígate a superarla. Toma un curso de relaciones humanas de Dale Carneige o únete a *Toastmasters* y aprende a hablar con confianza. Cualquiera de los dos, o los dos, van a hacer de ti una persona mucho más positiva, extrovertida y segura.

Practica no limitar tus pensamientos

Puedes desarrollar una confianza en ti mismo inquebrantable, si en realidad lo deseas, y si pones tu mente en ello. Puedes desarrollar cualquier carácter, si así lo deseas. Siempre eres libre de escoger. Todo lo que eres y todo lo que serás está bajo tu control.

La clave final para tener confianza en sí mismo fue planteada por Dorothea Brande en 1935, cuando dijo: "El camino al éxito es actuar como si fuera imposible fracasar, y así será".

En la vida, la diferencia real entre ganadores y perdedores es la diferencia entre tomar acción e inventarse excusas. Es la diferencia entre las personas que hacen y las personas que hablan de hacer. Es la diferencia entre los que mueven y hacen temblar las cosas y aquellos que solo miran cómo pasa el mundo.

Quizá tu responsabilidad más grande sea convertirte en una persona de acción. Debes obligarte a actuar hasta que sientas las emociones que son consistentes con un alto desempeño.

Tu trabajo principal es hacer cualquier esfuerzo, superar todo obstáculo y escalar alturas hasta convertirte en la persona dinámica, imparable y segura que eres capaz de ser. Cuando hayas desarrollado esta inquebrantable e irresistible confianza en ti mismo, todo lo demás te será posible.

Ejercicios de acción

1. Actúa a partir de hoy como si tuvieras toda la seguridad del mundo. Di lo que piensas, pide lo que quieres y persiste hasta que lo logres.

2. Escribe en este mismo momento las tres metas más importantes para tu vida. Luego escribe tres pasos que podrías dar para alcanzar cada una de estas metas y toma acción inmediata en al menos uno de esos pasos.

3. Identifica los tres resultados más importantes que obtienes en tu trabajo y decide trabajar en ellos la mayor parte del tiempo.

4. Crea una imagen mental clara de ti mismo desempeñándote al más alto nivel —calmado, seguro y optimista— y reproduce esta imagen una y otra vez a lo largo del día.

5. Dedícate a mejorar un poco cada día y de forma continua.

6. Acepta el 100% de la responsabilidad de todo lo que eres hoy y por todo lo que serás en el futuro. Rehúsate a culpar a otros.

7. Decide ahora que no te vas a rendir, que vas a persistir sobre todos los obstáculos hasta que logres crear esa maravillosa vida que es posible para ti.

¡Buena suerte!

www.ingramcontent.com/pod-product-compliance
Lightning Source LLC
Chambersburg PA
CBHW030520080526
44586CB00011B/267